BEING A LADY LIKE
JACQUELINE

# 创造自己的
# 风格

## 像杰奎琳一样做女人

蒂娜·桑迪·弗莱贺迪◎著

贾毓婷◎译

中国青年出版社

# 目录

# 序 言

　　像读到本书的许多读者一样,我并不认识杰奎琳,虽然我总觉得自己认识她。我从小就在纽约这座花园城市里长大,杰奎琳对我而言就仿佛一位电影明星。她拥有我梦想的一切——美貌、优雅和智慧。她嫁了一位英俊的丈夫,后来成了美国总统。她还有两个了不起的孩子,和我所见到过最令人羡慕的衣橱。当我还穿着T恤、牛仔裤的时候,我妈妈就已经为我介绍"杰奎琳风格"了:A字裙、双层珍珠项链、蓬松的发型再配以小巧别致的帽子。

　　虽然杰奎琳热爱时尚,可她知道漂亮衣服远远比不上穿衣服的人更有价值。外表固然重要,但如何生活才是最要紧的问题。不必怀疑,她将生活的重心全部放在家庭上——丈夫和孩子们。她用亲身经历告诉我们,做母亲是人生的幸福之一。如果一个女人成功地扮演了母亲的角色,那么她就完成了人生中最伟大的业绩。杰奎琳还有一点让我钦佩,那就是她从不利用自己的孩子,也从不想要去依靠他们。她允许,甚至是鼓励卡洛琳和约翰去过他们的生活。我自己幸运地拥有两个孩子:一个女儿,一个儿子。像杰奎琳一样,我毫不犹豫地把他们放在第一位,把我的事业放在第二。一想到莉莎和安德里亚,我和丈夫赫尔姆特的心中就充满了骄傲、希望和爱意。

1960 年，当杰奎琳的丈夫在美国总统选举中获胜之后，她的名字也迅速为全世界所知。华盛顿将她评价为一位魅力四射又聪明智慧的女性，她让丈夫独自站在聚光灯前，自己则心满意足地躲在他身后。没过多久，这个评价就站不住脚了：虽然肯尼迪仍然站在舞台的中心，但杰奎琳从未离开太远。

　　杰奎琳始终明白，第一夫人是一个有着严格要求的角色。为了不让公众对自己失望，她建立起一套极高的行为标准，这也成为了我们可以借以参考的东西。谁能忘记她与肯尼迪总统那一次成功的法国之行？正是从那时起，全世界都开始意识到，美国也有自己的风格、文化与品位。杰奎琳提升了美国在世界眼中的国家形象，而我始终觉得，她的这一功绩用再多的溢美之辞去评价都不为过。同样是因为她的眼光和主导，复原后的白宫才成了美国历史上一份值得骄傲的财富。

　　杰奎琳去世得太早。她是如此迷人，浑身上下充满了谜一般的魔幻气质。她充满悲剧感的命运和令人难以置信的勇气，都让我们永难忘怀。她为我们的生活带来了光明和爱。再不会有第二个杰奎琳。

　　就像希腊帕特农神庙、巴黎圣母院和美国黄石公园的永恒之美一样，上帝将优雅的光辉倾洒在杰奎琳身上。愿她的美貌、智慧、力量和优秀永远留在我们的脑海里，印刻在我们心中。

苏珊·露西

# 第一章

## 杰奎琳的一生

*Jacqueline*

"戳穿一个半真的谎言比戳穿一个彻底的谎言难上两倍。"

——佚名

关于杰奎琳·肯尼迪·奥纳西斯的生活，存在着许多不同的说法。一种说法是：杰奎琳不过是个漂亮女人，她的人生无外乎购物和旅行。然而事实远非如此。

许多极富魅力的女人都喜欢将她们的聪明才智隐藏在美貌和气质背后，杰奎琳也一样。她过人的才华常常躲在那身悠闲贵族风范的打扮后面。1962年，《纽约时报》中的一篇文章曾这样评论杰奎琳："现代女性有一点儿头脑和教养完全没关系，只要她懂得用浓浓的女人味去掩盖就好。"

杰奎琳很早就懂得隐藏她的才智。也许是听了妈妈的话，她认为男人不喜欢有头脑的女人。不过，当她遇到未来的丈夫——肯尼迪时，才发现事情并非如此。

在入主白宫的一千多个日子里，杰奎琳的成就是巨大的。通过她的风格、她的优雅、她对艺术的热情支持以及她在历史保护方面起到的关键作用，她就此改变了美国在世界其他国家眼中的形象。

虽然杰奎琳注定了要在世界舞台的中心大唱主角，但她生命之幕的开启却是相当平凡。在长岛东海岸一家小小的医院里，杰奎琳来到了这个世界上。

## 杰奎琳的出生

从一开始，杰奎琳似乎就打算好要按自己的方式生活，甚至包括选择自己的生日。她本该出生在 6 月中旬，却晚了足足六周才来到这个世界上。1929 年 7 月 28 日，在距纽约市两小时路程的南安普敦，一座时尚小镇的医院里，杰奎琳出生了。她是简妮特·诺顿·李和杰克·布维尔三世的第一个孩子。在她出生后三个月，1929 年 10 月，美国历史上最著名的股市大崩盘发生了，世界局势从此急转直下。

由于杰克·布维尔投资不够谨慎，花钱又如流水，杰奎琳的家族很快就在这次经济危机中遭受重创，以致他们的生活方式都不得不发生改变。长达一生的不安全感和对贫穷的恐惧从此深深扎根在杰奎琳和小她四岁的妹妹李的心里，尽管相对而言，她们的生活还算舒适。

尽管杰奎琳出生优越，但布维尔家族也并非像祖父所坚称的那样，是法国贵族后裔。事实上，他们的祖先来自法国南部，做过裁缝、农民甚至家仆。"布维尔"这个颇具贵族风范的姓氏，真正的意思是"放牛人"。迈克·布维尔，家族第一位移民者，曾服役于拿破仑军队。1815 年拿破仑兵败之后，他就离开法国，来到美国费城。他靠做勤杂工起家，后来做了木匠，最后成为一名成功的投机商。数十年之后，他的子孙开始兴旺起来，有一些还与上流社会的家族联了姻，包括艾文斯家族、萨金特家族和德雷塞尔家族。

与一般看法完全相反的是，杰奎琳的爱尔兰血统多过法国血统。她的母亲简妮特·李是一个百分之百的爱尔兰人。在

1852年那场土豆饥荒中,她母亲的家族从爱尔兰考克郡迁移到美国。简妮特的外祖母玛格丽特·曼莉特本是为李家族烧饭洗衣的女仆,她满口浓重的爱尔兰方言,常常搞得外孙女十分尴尬。

虽然杰奎琳的父亲杰克·布维尔三世拥有纯正的法国姓氏,但他也只有四分之一法国血统而已,另外的四分之三是苏格兰和英国混血。这样看来,杰奎琳也只有八分之一的法国血统。每当杰克·布维尔淘气的时候,他的母亲——杰奎琳的祖母就会取笑儿子继承了并不纯正的法国之血。杰奎琳的表哥约翰·H·戴维斯在他的著作《布维尔家族——美国家族的写照》中,记述了这样一件逸事:一次,杰克·布维尔的父亲发现儿子在马棚里刺破自己的手指,使劲挤出血来。"当杰克被问起为什么要这样做时,他回答说为了将那些淘气的法国之血从自己体内挤干净。"

杰克·布维尔的母亲的影响力显然不及他的父亲小约翰·弗农·布维尔。"主子"(他喜欢别人这样称呼自己)告诉他的孩子和孙子们,他们是法国国王和王后的传人,属于名门望族方丹的后裔。他还花大力气自费出版了一部家族史,名叫《我们的祖先》,书中反复强调他的说法。当杰奎琳还是个小女孩的时候,很容易就相信了她的祖先拥有皇室血统。当然,这种说法后来被历史学家彻底推翻了。

无论杰奎琳是否承认历史事实,这并不重要。终其一生,她都是个忠诚的历史爱好者。她意识到,过去的经验教训同样可以为今天所用。

早在杰奎琳还是个小姑娘的时候,她就对自己有清醒的认识。面对生活中的种种选择,她也有着一套独特的观点。她不愿亲近人群,宁愿与马和狗为伴。她对于文学的爱好很早就显现出来。她不爱摆弄布娃娃,只爱读书,对拜伦、罗宾汉和斯嘉丽·奥哈拉如数家珍。得知六岁的小杰奎琳竟然喜欢读契诃夫的小说时,她的老师都惊呆了。

## 在学校的日子

6岁那年,杰奎琳被送进当时最好的贵族学校——查平女子学校。在女孩子们当中,她是最光彩夺目的那一个。玛丽·凡·伦斯勒·塞娅在她的著作《杰奎琳·布维尔·肯尼迪》中提到:杰奎琳当年的一位老师记得她是"最漂亮的一个小女孩,聪明过人,有艺术天赋,精灵淘气"。可是,所有对杰奎琳的溢美之词都无法平息她心里的巨大伤痛——她那严厉的母亲和终日酗酒、挥金如土、拈花惹草的父亲要离婚了。

这时候,真正带给杰奎琳快乐的只有她的马。在骑马中,她可以尽情释放喜欢竞争和永不服输的天性。早在2岁时,杰奎琳就被放到了马背上。对于这位日后的骑术冠军而言,马厩才是她的乐园。杰奎琳对骑马的热爱完全是受母亲的影响——简妮特是一位技巧纯熟的骑士,曾参加过美国东北部地区的马术表演。继承了母亲的体育精神和对比赛的狂热,杰奎琳注定会是一位出色的女骑手。5岁时,她就开始参加比赛,并赢得了马术协会的蓝绶带。1940年,11岁的杰奎琳在她参加的所有比赛中,都拿到20岁以下组的冠军,其中包括在麦迪逊花园举办的两次全国马术大赛。

就在同一年,杰奎琳的父母终于协议离婚了。1942年,母亲改嫁给一位富有的股票经纪人休·D·奥钦克罗斯。这可伤透了杰奎琳的心,要知道,她和父亲之间有着极深的感情。父母离婚后不久,亲戚们就发现,杰奎琳开始退守到她自己的世界里。

从查平女子学校毕业后,杰奎琳进入了康涅狄格州法明顿市的波特小姐学校。在这里,她研究艺术史和文学,学着画画。杰奎琳的才情丝毫不逊于她的美貌,在学校里,她赚足了人气。从波特小姐学校毕业时,杰奎琳在学校年鉴上写下了自己的豪言壮语:"不当家庭主妇。"

## 年度新进社交界皇后

1947年,杰奎琳以优异的成绩考入了瓦萨尔学院。就在秋季学期开始之前,纽约最有影响力、读者群最广的社会专栏作家伊戈·卡西尼将她评为"本年度新进社交界皇后"。他将杰奎琳形容为一位"发色和肤色浅黑的贵族女子,拥有古典美人的气质,优雅如德雷斯顿的精制瓷器"。他同时也热情地赞扬了杰奎琳的自信和智慧。在那个年代,上流社会的社交界还是相当受瞩目的。这样一番盛赞迅速将杰奎琳推到了犹如好莱坞女星般的位置上。杰奎琳一夜成名,在各种社交舞会和盛大派对上大放异彩。

在令人目眩神迷的荣誉过后,杰奎琳发现,这所位于纽约州波基普西市的瓦萨尔学院实在有些枯燥——她甚至把这里称作"见鬼的瓦萨尔"。尽管如此,杰奎琳还是一名优秀学生,她的莎士比亚文学课和宗教史的成绩都是 A+。到了第二学年,杰奎琳决定不再去瓦萨尔学院。她申请了史密斯学院的交流学习项目,去法国索邦大学留学一年。这可愁坏了杰奎琳的家人。

## 在法国的一年

1949 年 8 月,杰奎琳得到了史密斯学院的出国留学批准,去法国继续她的大学生涯。虽然她法语纯熟,但并没有拿到高分。于是,她和另外一些留学生被送到距离巴黎 300 英里的格勒诺布尔大学,接受为期 6 周的密集式语言培训。10月,她回到巴黎,开始了她在索邦大学的课程:全法文授课的法国历史与艺术。

许多年后，入主白宫的杰奎琳会花很多时间在欧洲。她邀请来政界要人、艺术名流、电影明星和名门望族，共同出席她的派对。那些传奇而精致的派对是她曾在巴黎参加过的，她要原模原样地让它们重现在白宫。

## 巴黎征文大赛冠军

杰奎琳在欧洲的经历极大丰富了她的视野。回到美国之后，她就更加不愿意继续待在瓦萨尔学院，即便父亲恳求她留下来，好离他在纽约的公寓近一些，她也不肯听。1950年，杰奎琳决定转到华盛顿市的乔治·华盛顿大学读书，那里离母亲和继父在弗吉尼亚州梅利伍德的豪华大庄园非常近。就这样，杰奎琳个人的意志再一次战胜了他人对她的期望。

就在杰奎琳完成学业，取得学位的时候，她参加了《风尚》杂志每年举办的"巴黎征文大赛"。一篇文章让她从 1279 名参赛者中脱颖而出，夺得冠军，也为她带来了工作机会：杂

志编辑,为期一年——半年在纽约工作,半年去巴黎。据说,杰奎琳在《时尚》上班的第一天非常重要。10点之前,她参观过自己的办公室,然后向主编提出辞职,原因是母亲强烈要求自己待在家里。然而,据杰奎琳的一位朋友推测,这决定更像是杰奎琳自己作出的。当她切身实地地意识到《时尚》是一个杰出女性扎堆的地方之后,她早先的推测就得到了证实:时尚圈并不适合她——尤其是她想找到一位合适的男人结婚。

## 第一份工作

杰奎琳的生活来源主要靠父亲的经济支持,她常常为了钱犯愁。1951年,她从大学毕业以后,就迫不及待地想要找份工作,可以不必每个月向父亲要那一点点钱。虽然杰奎琳的继父奥钦克罗斯相当富有,但他也只肯为杰奎琳承担很小一部分日常开销——他只对自己的孩子才慷慨大方。通过继父的关系,杰奎琳争取到《华盛顿先驱时报》的一次面试机会。这是一份风格轻快、略显保守的刊物,比《华盛顿邮报》和《晚星》更畅销,同时也以招募有专业知识、谦虚审慎、魅力超凡的年轻女孩著称。城市版主编面试杰奎琳时告诉她,如果她能学会如何使用快速格拉菲相机,就聘用她做"调查摄影记者"。在摄影师的单独指导下,杰奎琳恶补了一通摄影知识,随后她如愿以偿地得到了这份工作。1952年1月,杰奎琳正式上岗,薪水是每周 25 美元。颇有意味的是,肯尼迪的妹妹凯瑟琳·肯尼迪也做过这份工作。在同一岗位上任职的,还有肯尼迪性感妖娆的前女友,被肯尼迪昵称为"英戈·宾加"的英戈·阿瓦德。

几乎同一时间,杰奎琳与一位世交之子约翰·赫斯蒂德订了婚。这个男人拥有无懈可击的背景,在华尔街做着一份稳定的工作。1952 年 1 月,他们宣布订婚,但杰奎琳几乎立刻就后悔了。说实话,她真不愿意做一个平凡的纽约妇女。她是胸怀大志的人,给一个传统的华尔街商人做妻子,并不是她想要的。

虽然在报社里做"调查摄影记者"这份工作不需要动什么脑子,杰奎琳却将相当多的创造力投入其中。她的任务是在街上或是写字楼里随机采访一些人,围绕当天的主题向他们提问并拍照。杰奎琳以她独有的风格,准备了许多有趣、大多是私人性的问题,以求得到同样有趣的答案。她以极其严肃认真的态度对待她的工作,希望这个专栏能带给自己回报。她曾在采访中提出过这样的问题:"你认为做妻子的,应当让丈夫觉得自己比她聪明吗?""乔叟说,大多数女人都想要控制男人。你觉得女人最想要什么?"她还问过两个颇有预示性的问题:

"在历届第一夫人里,你最想成为哪一位?"

"哪位名人之死对你触动最大?"

## 与肯尼迪的相识相爱

　　这份工作太适合杰奎琳了,它为杰奎琳提供了一个结识有影响力人物的渠道。1951年,杰奎琳在一场晚宴上认识了高大英俊的肯尼迪,当时他还只是一名参议员。后来,杰奎琳就以专栏访问的名义给他打电话。自从相识之后,杰奎琳在报社听到许多关于肯尼迪的故事,包括他在战争中的英雄事迹,当然,还有他的风流韵事。

　　杰奎琳对这位风度翩翩的参议员进行了采访,同时也让他再次加深了对自己的印象。肯尼迪办公室的许多工作人员都认为,正是杰奎琳的专栏让两个人的关系迅速升温。很快,杰奎琳取消了与约翰·赫斯蒂德的婚约,杰奎琳与肯尼迪的罗曼史也名正言顺地开始了。据肯尼迪在预备学校的朋友兰姆·比林斯回忆说,杰奎琳比肯尼迪约会过的所有女子都更加聪明、有文采、非凡出色。

　　至于肯尼迪,他简直是所有女子的梦中情人。他曾是三任国会议员,现在又是参议员。他有才华、有智慧、有钱。他的父亲约瑟夫·P·肯尼迪曾任美国驻英国大使,身家4亿美元——相当于今天的数十亿美元,被《幸福》杂志列为美国最富有的十二人之一。他的家族在波士顿、纽约、棕榈滩和科德角有数处房产。想想看,一个女人还能要求些什么呢?

杰奎琳与肯尼迪的交往多了起来。1953年1月，杰奎琳作为肯尼迪的女伴一同参加了德怀特·D·艾森豪威尔的总统就职舞会。此后，杰奎琳就时常做些营养美味的午餐，送到肯尼迪的办公桌上，以示她对肯尼迪在饮食方面的关心。她还会为肯尼迪买一些特别的书，做一切力所能及的事，只为了肯尼迪能把注意力投注到自己身上。然而，让杰奎琳失望的是，自己做了这么多之后，肯尼迪仍旧没有半点求婚的表示。这下子，该轮到杰奎琳玩高姿态了。她告诉肯尼迪，她要去伦敦报道女王伊丽莎白二世的加冕典礼。这突然的消息，让肯尼迪大感意外。

1953年5月22日，杰奎琳启程前往英国。对她而言，这次旅行是一次绝佳的机会，可以好好考虑一下自己是否真的要嫁给肯尼迪。已经有好几位信得过的男性朋友警告杰奎琳说，肯尼迪是个彻头彻尾的花花公子，可她还是抱着希望：一旦结了婚，他能够从此收敛。另外杰奎琳也明白：与肯尼迪结婚后，自己的生活将

会丰富有趣起来，而且，他有足够多的钱，可以让自己从此远离对贫穷的恐惧。据杰奎琳的前男友之一戴米·盖茨说："……她最害怕的就是贫穷。"另一位男性朋友也说："她非常害怕回到过去那些穷日子里。只要有钱，她就有安全感。"当年，杰奎琳的母亲与父亲离婚后，还没有嫁给奥钦克罗斯之前，为了维持自己和两个女儿的生活，她被迫去纽约百货商店工作赚钱。这些记忆不断地加深杰奎琳对贫穷的恐惧。简妮特·奥钦克罗斯体验过生活的两种极端：一贫如洗和家财万贯，她也坚持要女儿嫁个真正有钱的男人。

除了财产因素以外，杰奎琳也希望未来的丈夫能与自己达到精神上的契合。肯尼迪能言善辩，好奇心强，这些优点让杰奎琳深深着迷。生活中他们都喜欢阅读。肯尼迪花花公子的做派其实并没有令杰奎琳多么困扰，或许是因为她深爱的父亲也是同一类型的人。另一方面，肯尼迪已经意识到：杰奎琳"冷静、含蓄、幽默、聪明"，是将来最不可能让他烦扰的女人。还有一点很重要：他们都是天主教徒。于是，杰奎琳6月初从伦敦回国时，肯尼迪专程去接机。1953年6月24日，他们宣布订婚。

## 巅峰与波谷，荣耀与痛苦

1953年9月12日，杰奎琳·布维尔与约翰·肯尼迪在罗得岛新港的圣玛丽教堂结婚。婚礼是肯尼迪的父亲乔·肯尼迪一手操办的,他将这一次看做是推动儿子政治生涯的绝好机会。在取得杰奎琳的母亲简妮特的同意之后,他便一掷千金,大操大办起来,根本不管杰奎琳想要办一个小型、简单仪式的想法。在那个最多容纳 700 人的小教堂里,乔硬是塞了900 位宾客进去,还有 1400 人挤在接待处——其中有一半是摄影师、媒体记者和专栏作家。

杰奎琳甚至无权选择自己的婚纱。她喜欢的是款式简单、线条简洁,可以衬托她高挑苗条身材的婚纱,可她穿的却是一件传统款式、巨大蓬松的婚纱,因为肯尼迪家族希望新娘子看上去华丽富贵。后来杰奎琳对朋友说,她觉得自己看上去"就像个灯罩"。那是杰奎琳一生中极少数的几次衣服穿人,而不是人穿衣服的例子。

婚礼那天杰奎琳并不开心:她至爱的父亲因为前一天晚上喝得烂醉如泥,根本无法到场,陪着女儿走过中央通道。据说这是简妮特一手造成的, 她叫女婿迈克·堪菲尔德——李的丈夫,在婚礼前一天晚上去找杰克·布维尔喝酒。到底简妮特有没有故意叫堪菲尔德去灌醉杰克, 现在已经无从知晓。不过人人都知道,杰克·布维尔酗酒成性,而且简妮特也并不希望他到场。要知道,女儿与年轻英俊的参议员的这场婚礼,每一个细节都会被全国的媒体曝光。

杰奎琳的妹妹李回忆说:"妈妈曾写信给他(杰克·布维

尔），希望他能意识到自己不受欢迎。如果他能改变主意，不来参加婚礼，她就诚心诚意地感谢他。"像往常一样，这段小插曲带给杰奎琳的伤害被她轻轻地掩盖起来。她表现出了勇气和自律，正是这两点，使得她日后风靡世界。

与约翰·菲茨杰拉德·肯尼迪结婚后，杰奎琳开始了人生旅程中全新的一段。由参议员的新娘，变成了美国35岁年轻总统的夫人，杰奎琳站在了世界的舞台上。然而，她人生中最快乐的事还是做母亲：1957年卡洛琳出生，1960年小约翰也来到了世界上。

遗憾的是，杰奎琳与肯尼迪的婚姻只维系了10年，便在1963年那场著名的暗杀事件中匆匆结束了。后来，杰奎琳嫁给了世界上最有钱的人——希腊船王亚里士多德·奥纳西斯。这段并不融洽的关系随着1975年船王的去世而终止。后来，杰奎琳没有再婚，她的伴侣莫里斯·坦普斯曼一直都陪着她，让她感到幸福与满足。她还加入纽约最顶尖的双日出版社，成为了一名成功的编辑。

多少年来，在公众的眼中，杰奎琳始终自信、优雅、热情饱满，不管她经历了多少痛苦和失望，都不曾改变。杰奎琳说过：

"我们从生活中得到多少，就必须付出多少。生活的每一刻都有不同的风景：好的，不好的，艰难的，快乐的，悲伤的，热爱的，幸福的……把它们统统混杂在一起，这就是生活。你永远无法把好的与坏的分离开，你也没必要这么做。"

# 第二章

## 自我意识——知道你是谁

认识自己的优势和不足

保持内心的平静与强大

选择适合自己的伴侣

不做"应该做"的事，做擅长的事

杰奎琳的智慧

*Jacqueline*

"没有人能像她那样打扮，像她那样说话，像她那样做事。在我们所知道的人当中，没有一个拥有比她更清醒的自我意识。"

——泰德·肯尼迪，美国参议员

## ❧ 认识自己的优势和不足 ❧

泰德·肯尼迪在自己嫂子葬礼上的悼词,寥寥数语,却满怀深情地点出了杰奎琳的精髓。正因为她清楚自己是谁,想要什么,才获得了比别人多得多的东西。

有一句被人们复述了千万次的名言——如果你连自己要去哪儿都不知道,那么你永远都到不了那里。你想从生活中得到什么,必须先得知道自己想要什么。成功的秘诀听起来或许再简单不过——你要知道你是谁,你的主张是什么。

就像许多成功人士一样,杰奎琳拥有极强的自我意识,喜欢听从内心的选择。有时候,这样做的后果是让她那强硬的母亲伤心,让她深爱的父亲失望,作为第一夫人,这样做又意味着让许许多多对她有所期待的人们愿望落空,这些人包括:她的亲戚、整个肯尼迪家族、她的同僚、智囊团、媒体,当然,还有全体美国人民。当杰奎琳还是个孩子时,她就能清楚地知道什么事让自己高兴,什么事让自己难过,自己喜欢什么,不喜欢什么,自己想要的生活是什么样子。"我一点儿也不喜欢布娃娃,我爱的是马和狗,我常常把膝盖和下巴摔破,很长一段时间里我都是这样的。"杰奎琳曾在一篇文章中这样描述自己,正是这篇文章,让年仅 21 岁的她在 1951 年《风尚》杂志举办的"巴黎征文大赛"中夺得冠军。

毫无疑问，杰奎琳能够同时认识到自己的优势和不足，这也是她取得巨大成功的原因之一。还是在同一篇文章里，杰奎琳坦诚地指出自己的缺点："我总是在事情开始的时候热情过头，等事情刚刚过半，我就没了兴趣。我想试着改变这一点，尽量在事情开始时不要投入过多热情。"杰奎琳始终拥有这样的品质，知道自己最容易成功或失败的地方在哪里。正因为这样，她所付出的都得到了满意的回报。

杰奎琳一直有种勇于打破现状的精神。在《风尚》杂志的另一篇征文中，她就以作家奥斯卡·王尔德、诗人查尔斯·波德莱尔和俄罗斯芭蕾舞团创立者谢尔盖·基洛夫为题材——这三位反传统人物因粉碎了中产阶级的信条而备受争议，文章的名字就叫做《我多么希望能够认识他们》。

## 保持内心的平静与强大

具有讽刺意味的是，杰奎琳并不平顺的童年或许倒成了她自我探究的推动力之一。生存的本能促使她去创造一个属于自己的平静小世界。她不愿重蹈父母的老路，那是一条充满了愤怒、失望和背叛的路，她要依靠直觉，来寻找属于自己的路。

杰奎琳的父亲挥金如土，是著名的"酒鬼、赌马狂和花花公子"。他虽然嗜酒如命，又喜欢拈花惹草，但却是个慈爱的父亲。在成长之路上，杰奎琳每迈出一步，都能得到父亲的赞赏和鼓励。在这一点上，杰奎琳母亲的做法就完全相反，她难得对女儿夸奖半句。出于对花心丈夫的怨恨和失望，她常常把气发泄到两个女儿身上。简妮特是个严肃冷酷的母亲，她要求自己做到完美，也用同样的标准要求女儿们。

从孩提时代起，杰奎琳就学会以坚强的态度，来面对父亲的荒唐行径和父母的恶劣关系所带来的难堪局面。最终，父母离婚的每一个细节都被媒体拿来大肆渲染，就连杰奎琳的照片也上了报，当年她只有 11 岁。然而这一切都只能进一步坚定她的决心：一定要以自己的方式去过一种全新的生活。

对于杰奎琳来说，骑马已经不仅仅是童年热衷的一项运动，它有了更多的意义——既是锻炼身体的方式，也是释放心情的出口。据说在许多年后，杰奎琳的父亲告诉她未来的丈夫约翰·肯尼迪："如果你和杰奎琳闹了矛盾，就把她放到马背上去。"尽管杰奎琳出过不少事故——摔断了锁骨，椎间盘突出，从马背上摔下而休克，但她对骑马却热情不减。这是她最擅长的运动，在马背上，杰奎琳找到了全新的自己。完美的姿态、端庄的举止和优雅的着装，是杰奎琳风格的最佳体现，而后两者，杰奎琳认为只有在马背上才能培养出来。

坎坷的童年经历让杰奎琳明白，想要获得安全感，就需要有自我空间，与外面的世界保持距离。她还发现沉迷于阅读和艺术可以让自己觉得舒服。然而真正能给她安全感的，永远是经济上的保障。整个童年时期，杰奎琳眼看着父亲的财产一点点地被挥霍干净，父母因为钱争吵不休，最终离婚，这些经历终生影响着她对金钱的观念。的确，家财万贯然后一贫如洗，一定会令杰奎琳对金钱特别在意。杰奎琳的妹妹李也认为，钱就是保障。"她看到过身边太多破产的例子，极需要这种保障。"

就算母亲后来嫁给了奥钦克罗斯——一位继承了石油产业的百万富翁，钱的问题也始终困扰着杰奎琳。虽然她和妹妹同住在奥钦克罗斯家在罗得岛弗吉尼亚和新港的大房子里，但那儿的财产她们一点儿都支配不了。她们不是奥钦克罗斯家的孩子，只是继子，不能像其他孩子那样，得到奥钦克罗斯为他们设立的信托基金。奥钦克罗斯的两任前妻已经为他生了三个孩子，没过多久，简妮特又为他生了两个孩子，根本轮不到杰奎琳做继承人。奥钦克罗斯最多只能供给她食宿。至于经济支持，她还是得指望自己的亲生父亲和祖父。

每一次杰奎琳去看父亲，都会满心遗憾，尤其在他无休止地指责母亲如何败光了他的钱的时候，就更是如此。作为一个小女孩，杰奎琳很自然地就会把事情理解为：如果父亲的钱能多一些,父母就会彼此相爱,幸福地生活在一起。

对于杰奎琳的消费习惯,尤其是她成年之后的表现,旁观者也许会难以理解,为什么一个如此缺乏金钱安全感的人,会像她那样奢侈浪费?其实,按照杰奎琳追求完美的性格,金钱以及金钱所能带来的一切,都是为了满足她凡事都要做到最好的标准。所以,你不必再惊讶于杰奎琳的两任丈夫:约翰·肯尼迪和亚里士多德·奥纳西斯,都是有权有钱之人。只有金钱才能保障爱情与幸福,这种观念已经深深地扎根在她头脑里。

## ❧ 选择适合自己的伴侣 ❧

23岁那年,当她遇到肯尼迪时,她发现眼前这个男人更有吸引力,而约翰·赫斯蒂德不过是个曾在经济上给她短期支援的普通华尔街商人。肯尼迪毕业于哈佛,仪表堂堂,与杰奎琳一样热爱历史和文学。他机敏过人,笑口常开,正好与杰奎琳聪明的头脑和良好的幽默感相配。更重要的是,肯尼迪是一位权力显赫的参议员,且仍然有迅速向上发展的势头。他的家族是美国最富有的家族之一。

他们彼此也有着相似的情感经历:母亲冷酷疏远,父亲公然不忠,这些无疑会影响到他们的爱情和婚姻观。杰奎琳是一位高挑纤瘦的黑发美人儿,完全不同于肯尼迪常常交往的金发碧眼、丰乳肥臀的美女。虽是如此，她优雅的举止，时而热情时而冷淡的态度，还有她对文学和历史的热爱，还是深深打动了肯尼迪。加上她的贵族出身和天主教徒的背景，就更加吸引人了。

虽然在杰奎琳那个年代，女子要假装得柔弱无力才不会吓跑男人，但杰奎琳十分明白自己的强大力量，并不吝于在男人面前展示这一点。她很早就意识到，要想征服肯尼迪，这是最好的办法，因为肯尼迪喜欢赢家。早在孩提时代，他的父亲约瑟夫·肯尼迪就将竞争意识点点滴滴灌输在他的脑子里。他经常对肯尼迪兄弟说："我们不欢迎输家。"杰奎琳第一次与肯尼迪约会时，他邀请她去位于科德角海恩尼斯湾的肯尼迪花园玩触身式橄榄球。杰奎琳十分乐意一试，不料却撞破了脚腕。这一次，她没有更加拼命地想要给肯尼迪留下好印象。她拒绝再玩下去，这种你争我夺、鸡飞狗跳的运动不对她的胃口。

肯尼迪家族的兄弟姐妹都喜欢参加一些激烈的比赛——游泳、航海、垒球或是高尔夫，而杰奎琳却宁愿读书或是画画——就像她在过去日子里喜欢做的那样。海恩尼斯举办一年一度的劳动节游艇俱乐部赛船大会时，肯尼迪邀请她加入自己的小组，她干脆地拒绝了："我宁愿享受一些不必争冠军、夺名次和作秀的活动。"杰奎琳说的不完全是心里话，她本来就是个热爱竞争的人，只是不想承认自己表现的不如肯尼迪好,不愿意与肯尼迪同组罢了。不过,杰奎琳在她最擅长的体育项目上,还是保持着优秀的成绩,比如骑马、滑水和游泳。

杰奎琳相信,肯尼迪就是最适合自己的人。于是,她想方设法争取"肯尼迪妻子"的职位,直到成功为止。随着他们的结婚,一个永留青史的组合诞生了。

## 不做"应该做"的事,做擅长的事

杰奎琳不太热衷于政治。很难想象她入主白宫短短三年,却能为美国留下一大笔永恒的财富。杰奎琳十分清楚自己的力量,她成功地将这种力量发挥到极致,帮助丈夫,维护他光鲜的总统形象。

杰奎琳承接起修复白宫的重任,这是她最熟悉、也最容易出彩的工程。据一位传记作家回忆说:"这是杰奎琳天才的一部分,是她的重要品质。她不仅仅拥有

敏锐的艺术感,知道什么最适合白宫,更清楚能去哪儿得到建议,能向谁寻求帮助。

从母亲简妮特·奥钦克罗斯那里,杰奎琳学会了如何装修大房子。自从简妮特嫁给了那位富有的股票经纪人奥钦克罗斯之后,他就把位于罗得岛汉默史密斯农场和弗吉尼亚梅林伍德的几处房子交给简妮特装扮。杰奎琳从小就把母亲的做法看在眼里,她从母亲那里学会了如何坚持最好的设计。

母亲还教会杰奎琳如何运用自我风格与天资来款待来宾。所以,当白宫召开盛大的国宴,国王、王后、首相以及其他国家领导人悉数到场时,杰奎琳一点儿都不会露怯。

杰奎琳用坦诚的态度,来对待自己的内在信仰,因此,作为第一夫人,她可以在最短时间内达成自己的目标。她主动地寻找快乐,那些不怎么吸引她的事,她就远远避开。在某件事情上,如果无法做到与众不同,那她宁可不去染指。

在杰奎琳眼里,许多政治活动都是无聊透顶的,只会白白浪费时间。她经常不去参加议员夫人们交流小甜点做法的午餐会,也不愿面对媒体。一位传记作家回忆说:"一次,杰奎琳对一位朋友说:'可怜的肯尼迪,他说如果我再漠视媒体,他就要遭到弹劾了。'"用杰奎琳自己的话来总结她的第一夫人生涯,那就是:"人们为我列出作为第一夫人必须要做的99件事,而我一件都没做。"她知道自己要去往哪里,如何到达,她走的是一条属于自己的路。

在约翰·肯尼迪被暗杀之后，杰奎琳重新回到纽约。林顿·约翰逊总统任命她为欧洲和拉丁美洲的外交大使，但她拒绝了——比起政治，还有许多其他的活动更加适合她。杰奎琳同时也拒绝出席一切政治活动，虽然她是参加这些活动的不二人选。

当杰奎琳的第二任丈夫亚里士多德·奥纳西斯也逝世之后，她发现自己无事可做了。杰奎琳要过有目标的生活，但她却不知道该去做些什么。虽然杰奎琳有才华、有教养，也有能力成为一位杰出的女实业家，但她的目光却从未在这些方面停留，不然，她早就在会议室里，把那些说一不二的男人们操控在手里了。杰奎琳的一位朋友介绍了一份出版界的工作给她，她立刻就意识到，这才是适合她的工作，是她的天赋得以自如挥洒的竞技场。许多年来，杰奎琳始终保持着对文学的热爱和钻研，诗歌与散文的创作也从未间断过。就连肯尼迪的那部最终获得普利策文学奖的传记——《当仁不让》，也是由杰奎琳帮忙策划制作的。此外，她还负责编写过《白宫历史导游手册》，对于出版过程中的每一道环节，从内容编辑到插图选择，再到封面设计，她都再熟悉不过。

杰奎琳先在维京出版社出任编辑顾问，后来又转投双日出版社。这两家都是美国出版业的翘楚。这一次，杰奎琳仍是按照自己的方法行事。每周，她只在办公室工作三天，其余的时间在家工作,以方便照顾孩子。没过多久,她就赢得了同事及作家们的尊敬。她在双日的任期内,出版了七十余本作品。从 1975 年到 1994 年,在杰奎琳生命中三分之一还多的时间里,她始终是出版界一位多产的编辑。她非常成功,难怪《纽约时报》把她喻为"双日的秘密武器"。

# 杰奎琳的智慧

我们从杰奎琳的一生中可以学到许多,其中一条就是相信那些对我们至关重要的东西。这种信念必须非常强烈,我们遵循着它,就像呼吸那样自然,一旦违背了它,我们就无法活下去。杰奎琳不但紧握着自己的梦想,而且从不在乎别人的看法。

她高度发达的自我意识也令她获益匪浅。不论一贫如洗还是家财万贯,不论举世瞩目还是一文不名,杰奎琳都坚定地沿着她选择的路走下去。她清楚能让自己快乐且心满意足的事情是什么,她就尽量地走近这些事情。用历史学家兼教授约瑟夫·坎贝尔的话来说:"只要你追逐自己的幸福,幸福就会在那条路上等你,你所过的就是最好的生活。"显然,杰奎琳始终追逐着她的幸福。

杰奎琳有种强烈的愿望,要掌控自己的生活,不在那些没意义的事情上花费半点时间。她无法想象生活的重心不是落在最核心的信仰之上:对家庭的爱,还有那些能滋养灵魂的事物——艺术、音乐和文学。最后,她对过去有着一种包罗万象的好奇心。她敬畏历史,并以史为鉴,指引今天的生活。

杰奎琳始终知道什么是重要的,什么不是。不像那些没有自知之明的人,杰奎琳在重要的事情上投入了巨大的精力,她了解自己的梦想。杰奎琳的伟大之处正在于——她从始至终都活出了自己的信念。因此,她留给我们一个更加美好的世界。"人们总会意识到那顶小圆帽之下的头脑。"杰奎琳对自己的评价真是恰如其分。

# 第三章

## 形象与风格——魅力的力量

*Jacqueline*

"所有的力量都有其神秘之处。一定有些什么,令人无法揣摸,无法推测;一定有些什么,能激动人心,吸引眼球。"

——夏尔·戴高乐,法国总统

仿佛一阵清新舒爽的风，杰奎琳·肯尼迪一夜之间改变了美国的形象。19世纪50年代端庄有余、古板守旧的美国突然之间拥有了国际化的风格和优雅风度。当杰奎琳成了第一夫人，她很快就意识到，不管自己取得多少成就，别人评判她的第一标准永远是外在形象。凭她对历史和文学的了解来看，在世界舞台上，经过精心设计和打造的形象永远是最有力的工具。政治明星和好莱坞影星们——其实早在他们之前，国王、王后和首相们早就开始这样做——都善于利用形象来赢得崇拜者。杰奎琳也不例外，她清楚自己想要如何表现，并运用一切方法来为这种表现加分。

肯尼迪总统在任期间，杰奎琳通过自己独特的形象，向全世界数百万人传达着总统的展望与承诺。时至今日，杰奎琳的形象还是会出现在杂志上、图片上、历史书中或是影像中。当她作为那个时代最生动的标志出现在人们眼前时，当人们眼睁睁地看着她的梦想破灭，永难弥补时，所有人的心中仍会思绪起伏，难以平静。

为了将风格与魅力的光环凸显出来，杰奎琳一再强调自己的法国血统，对于占据主要地位的爱尔兰血统却只字不提。好在布维尔是个典型的法国姓氏，所以她的强调听上去有据可依，不太离谱。单有法国血统还不足以说明问题，杰奎琳又一再强调自己的法国背景，于是，人们就更加赞赏她的优雅形象和大家闺秀的风范。如果杰奎琳将事实公之于众：

1852年,母亲的祖先离开爱尔兰的小山村,来到美国,恐怕效果就会适得其反了。

## 内敛与时尚的奇妙融合

杰奎琳的父亲杰克·布维尔赋予女儿的,绝不仅仅是一个法国姓氏。他用自己特有的时髦风格教育女儿:时装的的确确能塑造一个人——不管是男人还是女人。布维尔的穿衣品位堪称完美,许多女子都钟爱他那种派头。杰奎琳的母亲简妮特也喜欢穿昂贵而精致的衣服,不过她相对保守,除了选择骑马装以外,她的天赋比不上丈夫。毫无疑问,杰奎琳能成为一位风格独特、令人艳羡的女子,她的父母对她影响至深。

杰奎琳的父亲总是特别钟爱大女儿。他曾不止一次告诉女儿以及周围的人:杰奎琳是一个天赋过人的小骑手,她不仅赢得了冠军绶带,还是"跑马场上最漂亮的小东西"。他从不吝惜对女儿的鼓励和夸奖,尤其对杰奎琳。家人都把这种夸奖比喻成维生素 P——praise(赞美)!

杰奎琳母亲的态度则刚好相反。她常常批评杰奎琳的外貌,也许是女儿的相貌特征总让她回忆起那个拈花惹草、不负责任的丈夫带给她的痛苦和失望。杰奎琳经常听母亲说她不像个女孩子,比不上她漂亮的妹妹李;说她的头发卷得太厉害了;说她的手和脚太大（杰奎琳穿 10 码的鞋）;说她肩太宽,屁股太大。尽管如此,杰奎琳与生俱来的天赋和风格还是掩藏不住的,毕竟潇洒时髦的父亲对她影响至深,根本无法被忽略。

简妮特和杰克·布维尔还同时向杰奎琳灌输了截然相反的两种流行观。简妮特古板得有些过头,极力要让自己完全融入人群。她谨遵新教徒的打扮风格,衣着低调得近乎过时。她一心想要表现得中规中矩,于是就将那些鲜亮的色彩统统摈弃,只穿米色、棕灰色或是灰白色。她还喜欢没什么花哨的中跟鞋。除了骑马要穿的骑马裤以外,她从不穿裤子,也不穿成套的衣服,而是喜欢更休闲一点的款式。她有时也会化淡妆, 为那张平淡无奇的脸稍稍添些好气色。有一次,她的发型师偷偷对另一位顾客说,简妮特看上去"像个蘑菇",他觉得她应该选择一些更亮丽的衣服穿。虽然简妮特从不把自己打扮得华丽夺目, 但她却坚持认为衣服的质量是最

重要的。即便她在家里吃一顿简单的午饭，也要用亚麻桌布、上好的银制刀叉和精致的瓷器餐具。

然而杰克·布维尔——因为肤色黝黑，大家常常称他为"黑杰克"——却与妻子完全不同，他总是尽力让关注和爱慕的眼光停留在自己身上。他英俊的脸上留着一抹铅笔般细直的小胡子，常常被人误认为好莱坞大明星克拉克·盖博。他魅力非凡，让女人们无法抵挡，也让妻子简妮特非常苦恼。

布维尔总是穿着最好的衣服，他的套装、衬衫和鞋子都是让裁缝量身订制的，就连领带也是手工缝制的，与他精致的套装相得益彰。布维尔有办法把从头到脚的衣饰都用独特的方法协调起来，形成一种优雅光鲜、与众不同的风格。他的黑皮肤、梳得一丝不苟的黑头发，还有锐利的蓝眼睛，更为他的形象增加了几分异国情调，甚至添了些"禁止靠近"的意味。

霍普·安南小的时候，曾在长岛的劳伦斯海滩俱乐部见过杰克·布维尔，当时她的家人也是那里的会员。"那时我只是个小女孩，还不到十岁，但却牢牢记得他有多时髦。他实在是英俊，充满自信和魅力，而且相当自命不凡。最让我惊讶的是，他的肤色那么黑，看上去几乎成了蓝色。"

杰奎琳以女性的眼光观察父亲是如何成功的。这些第一手的例子让她确信，好的衣装的确能够招来艳羡甚至是爱慕。仔细分析杰奎琳的时尚观你就会发现，她的身上混合着上流阶层特有的约束感和无所不在的天赋,这正是受到了父母完全相反的品位的影响。杰奎琳的个人形象,再综合父亲的夸奖与母亲的奚落,成就了独一无二的她。杰奎琳的许多选择,都是针对那些来自于简妮特的批评的防御性反应——她常穿低跟鞋,让脚看上去不是很大,永远用手套把她的一双大手遮掩起来。

布维尔始终不遗余力地夸奖杰奎琳的美貌,想要抹去简妮特的尖刻批评带给女儿的影响。这就为杰奎琳建立起一种信心——除掉母亲的负面评价以外,男人们都会觉得自己可爱、有魅力。也许父母的相反评价结合起来,就形成了公众场合中杰奎琳的神秘气质。她的一言一行,无不在传达着这样的信息——你可以盯着我看,但别想真正了解我。也许是母亲在她身上硬挑出来的瑕疵让她惴惴不安,生怕它们会被靠近的人发现。

## 保持自信优雅的姿态

在母亲的冷嘲热讽之下,少女时代的杰奎琳埋首于时尚杂志和速写中,逐渐建立起自己对于风格的一套理论。对欧洲、历史和艺术的热情也给杰奎琳带来了不小的影响,当她成为第一夫人时,她早已准备就绪、泰然自若。

作家莱蒂·科丁·波格莱宾曾仔细观察过杰奎琳,她说:

"迷人但不卖弄性感，精明但不咄咄逼人，从保守的50年代到革新的六七十年代之间的过渡时期里，杰奎琳是最理想的代表人物。唯一能与之相提并论的公众人物也许只有奥黛丽·赫本——她们都有通身的贵族气派，大大的黑眼睛，讲话时都语调柔软、略带气音。赫本和杰奎琳为美国新一代妇女树立了榜样，自此之后，那些身材扁平、衣着讲究的女子开始崭露头角并大放异彩。

作为时尚的忠实追随者，杰奎琳始终紧跟潮流的脚步，尤其对她喜爱的法国设计师，就更是亦步亦趋。她十分清楚自己想要怎样的衣着——套装，端庄大气，少加装饰，低调华丽，不能太过耀眼。杰奎琳很少穿袒胸露肩的衣服，这只会更加突出她的平胸。她对自己的女性魅力抱有十足信心，从不屑于用低胸性感的装扮来强调什么。

杰奎琳笔直挺拔的姿态，是多年来在马背上练就出来的。这是一笔巨大的财富，它为杰奎琳平添一份尊贵的气度。制片人苏珊娜·汉明仍记得她在纽约最优雅的饭店——巴斯克海岸餐厅看到杰奎琳时的情形："我不常去巴斯克吃饭，不过我有个客户想去尝一尝。我们坐在能看到风景的VIP专座。突然，我发现了杰奎琳，她任何时候都美得无懈可击。我不由自主地一直盯着她，看她吃饭，她连拿叉子的动作都那么优雅。吃完饭，她款款起身，目视前方，在桌子前站定。直到服务生急匆匆跑来，替她挪开了椅子，她才飘然离去。她的背影让我想起芭蕾舞者走下舞台的样子。她双肩平放，向后舒展，挺胸，微微抬头，没有多余的动作，流畅而又高雅。整个餐厅的人都被她迷住了。"

在位于曼哈顿的另一家高档餐厅——四季酒店里，也有许多人见到过杰奎琳。四季酒店的烤肉馆是一个备受政治名流、达官贵人、文学名士和时尚达人青睐的餐厅，就在这里，四季酒店的管理合伙人朱利安·尼可里尼第一次见到杰奎琳，那是 1980 年初的一天。

"只要我还有一口气，我就永远不会忘记肯尼迪夫人第一次来四季酒店的情景。"那是一个普通的日子，正值午餐时间，烤肉馆里像往常一样，充斥着顾客交谈的嗡嗡声。那一天的客人中有：时装设计师奥斯卡·德拉伦塔、《时尚》杂志编辑安娜·温图尔、地产大亨唐纳德·特拉姆普、《W》杂志创始人约翰·费尔查尔德，还有一些其他人。

朱利安无意间一抬头，看见一位女士静静地走向他。"当我看到肯尼迪夫人时，简直不敢相信自己的眼睛。没有人想到她会来。当时我们已经没有位子了，我有点手足无措。"

就在一瞬间，整个餐厅都安静下来。朱利安回忆说："全美国最举足轻重的人们都被她迷住了。他们死盯着她，嘴巴大张着。在四季酒店，这样的景象从未有过，也永远不会再出现。我相信这种经历此生仅有一次，再也不会发生。"

杰奎琳静静地走来，对朱利安浅浅一笑，轻声说："我和一位朋友吃午餐,约在这里见面。"朱利安张口结舌,完全说不出话来:"很多年过去了,想起这一幕我仍觉得激动不已。我永远都不会忘记。"

杰基·林格的记忆在几十年后也依然鲜活。"她穿得非常漂亮,"这位四季酒店的老板回忆说,"有人告诉我说那是华伦天奴的套装,但我只记得那天肯尼迪夫人无比光彩照人。她的内心充满自信和对生活的热情,那种光芒由内而外散发出来,将她映衬得更加迷人,那是我从未见过的。"

几年后,杰奎琳已成了四季酒店的熟客,她总是热情地与朱利安打招呼:"她每次来酒店,都会走上前来友好地问候我:'你好朱利安,见到你真高兴。'她柔声细语地说,就仿佛这世上她只对我一个人这样说话。"

## 简洁大气的杰奎琳风格

杰奎琳对服装的选择,尤其是对出席公开活动时的所穿服装的选择,无不努力传达着肯尼迪政府的精神——朝气蓬勃、物质至上。干净的线条、纯净的色彩、活动自如的款式是杰奎琳所有衣服的共同特点。她从没想过要引领潮流。美国传奇的设计师比利·布拉斯曾将杰奎琳的特点总结到极致:"杰奎琳是我们这个时代最伟大的先驱——虽然她从未有过任何开天辟地的创举。"

"杰奎琳风格"很快就风靡全美国:圆筒帽、无袖 A 字洋装、爱马仕围巾、香奈尔风格的套装、单肩晚礼服、长手套、纱丽服、白色双层珍珠项链、低跟便鞋,还有超大的黑色太阳镜。

就连杰奎琳佩戴的珠宝也成了大家效仿的对象。杰奎琳并不经常佩戴首饰,但要戴就戴最好的,比如梵克雅宝或蒂凡尼。日常生活中,她只需戴上那串标志性的珍珠项链,整个人就会显得娴静而高贵。就这样,珍珠首饰——无论真品还是赝品——一夜之间就成了美国女子眼中时尚的代名词。

一旦出席正式活动,杰奎琳通常不会佩戴项链,而是从那些乐意为她提供赞助的大珠宝商那里借一对巨大的宝石耳环。约翰·史龙伯杰是专为蒂凡尼设计珠宝的大师,杰奎琳是他的狂热追捧者。得知妻子非常喜爱这位设计师的作品后,肯尼迪特意送给她一枚小巧诱人、叶子上镶有宝石的草莓胸针。据《时尚》杂志前任编辑、杰奎琳的时尚盟友戴安娜·弗里兰德介绍,史龙伯杰除了设计珠宝首饰以外,还设计许多镶金

的彩色珐琅手镯,杰奎琳非常喜欢。后来,这种手镯就被称为"杰奎琳手镯",在时尚女性当中广为流行,许多珠宝生产商也纷纷推出仿制款。

## 选择"御用"服装设计师

在肯尼迪竞选总统期间,美联社曾误指杰奎琳每年的置装费高达 3 万美元,这相当于今天的 18.4 万美元,一时间,杰奎琳对时尚的热衷竟成了一个政治事件。对此,杰奎琳通过《纽约时报》记者南·罗伯森给出的回应是:"我不可能花掉那么多钱,除非我穿的是貂皮内衣。"共和党瞅准了这次机会,邀请总统候选人理查德·尼克松的妻子帕特里夏出来,大谈特谈她对美国本土时装的热爱。很快,肯尼迪的重要支持者、曾为竞选活动豪掷 30 万美元的国际妇女服装工人联合会开始对民主党施压,要求他们尽快作出保证:一旦肯尼迪当选总统,杰奎琳在就职典礼上所穿的必须是美国本土设计师所设计的时装。

在那个时代,巴黎已无可争辩地成为全球时尚中心,是众多世界顶尖时装设计师的摇篮,而纽约、伦敦和米兰还远远没有成为时尚之都。所有的时尚女子——包括杰奎琳,都一心向往着巴黎的各大商场。不过,一想到自己对法国设计师的热衷——香奈尔、迪奥和纪梵希,很可能会影响到丈夫的选票，杰奎琳很快便将注意力集中在美国本土设计师身上。奥莱格·卡西尼，这位肯尼迪家族的世交，后来成了白宫的"御用"女装设计师，多次为杰奎琳出席重要政治活动设计服装。

卡西尼出生在法国巴黎，生来就承袭了伯爵封号，后来又成为国内第一流的时装设计师。早在他出生之前，父母曾生活在俄国。后来十月革命爆发，父母被迫举家迁移。卡西尼和弟弟伊戈就生长在这个"欧洲最优秀的流亡之家"里。后来，伊戈还以"乔利·奈克博克"为笔名，成了著名的社会专栏作家。

卡西尼曾在法国杰出的女装设计师让·巴度门下受到过良好的训练。1936 年，他回到美国，除了一个空头衔、一件无尾晚礼服和一副网球拍以外，卡西尼身无分文。6 年后，他正式成为美国公民。他是顶尖的好莱坞时装设计师，在多家著名的电影公司里担任戏服设计，还娶了漂亮的电影明星吉恩·蒂尔尼，这一切使得乔·肯尼迪对他分外关注。他在儿媳杰奎琳面前极力推荐卡西尼。

对于杰奎琳来说，选择一位"御用"设计师并非易事。不是所有的美国设计师都拥有敏锐的时尚触角和优雅的风范，而这恰是杰奎琳十分看重的。卡西尼师从让·巴度，又出身于名门贵族，无疑是最适合的人选。

据卡西尼本人回忆："肯尼迪总统之所以选择我，是因为我当过美国陆军骑兵。我曾在军队服役5年,这对他来说相当重要。他是海军,而我是陆军。杰奎琳也十分信任我,她知道我绝不会滥用职权。我同时效忠于肯尼迪总统和杰奎琳,他们不仅把我当做工作伙伴,也把我当做朋友。"肯尼迪的总统就职典礼结束后不久,杰奎琳就给卡西尼写信,告诉他自己有多么喜欢他的设计:"有您这样一位绅士为总统夫人设计时装,我十分骄傲。"信的末尾,杰奎琳照例对那些表现出色的工作人员表示了关心, 她说:"如果在接下来的4年里,我的形象完美无瑕, 那么所有人都会知道那是您的功劳……下次您来华盛顿,请务必留出时间,与我共进晚餐。别忘了带上您的设计图……还有XO……杰奎琳。"

在杰奎琳作为第一夫人的一千多天里,卡西尼为她设计了三百余套时装,其中包括她在白宫穿过的一些十分漂亮的衣服,还有她出访法国、越南和印度时所穿的衣服。从总统就职仪式上那件令人难忘的饰有貂皮领和皮手筒、配以同色羊毛帽子的浅褐色羊毛外套,到白宫为诺贝尔获奖者举办庆功宴时她所穿的那件苔藓绿的希腊式长袍,卡西尼的设计从未令杰奎琳黯然失色。除了他的精心打造以外,杰奎琳独特的品位与一贯精准的时尚感也令第一夫人的风格熠熠生辉、无可取代。

当杰奎琳登上第一夫人宝座时,美国人对这位年轻、时尚的新总统夫人并不是很有把握。毕竟, 她与前任夫人们——玛米·艾森豪威尔和贝丝·杜鲁门的老祖母式形象反差太大。不过很快,杰奎琳无懈可击的品位就将人们的所有疑虑一扫而光。大家都认为:是杰奎琳在穿衣服,而不是衣服穿她——这几乎是对时尚感的终极好评。也许是因为杰奎琳把一切细节都做到了完美,不留漏洞。在 1961 年那次大获成功的法国之旅开始之前,杰奎琳就为出席戴高乐在凡尔赛宫所设的欢迎宴会而做准备。她甚至把自己的一绺头发提供给发型师,好让他设计出最适合自己的发型。当她准备穿着全新的时装在公开活动中亮相时,就一定会提前在某个私人活动中试穿这件衣服。例如:肯尼迪在达拉斯遇刺那天她身上的那套令人难忘的香奈尔经典款粉色套装和圆筒帽,是她几天前去卡洛琳的幼儿园时曾穿过的。确定效果不错以后,她才将这件衣服穿到官方场合中去。不过可惜的是,这件粉红套装上溅满了丈夫的鲜血,成了那个恐怖日子里最触目惊心的象征。

## 太阳镜和丝巾
### ——配饰的强大力量

与那个时代绝大多数美国妇女不同,杰奎琳充分发掘出了配饰的特殊魅力,善于运用它们来增加自己的神韵与光彩。丽堤蒂雅(蒂什)·鲍德瑞奇——她与杰奎琳十几岁时就认识,是杰奎琳在波特小姐学校里的朋友,后来做了白宫办公厅主任和杰奎琳的社交秘书——至今仍记得:"她总是有办法穿得很巧妙。她能把蓓蕾帽戴得很好看,而我们戴上以后就活像个要把头发都包起来的清洁女工。她系的围巾总是很别致,而且造型可以保持很久,我们照着她的样子系,可不一会儿,围巾的结就跑到后面去了。"

无疑,杰奎琳在法国上学的那一年里,学会了如何像巴黎女子那样,用别致的配饰为整体形象加分:精致的丝巾、腰带、口袋书都是增添时尚感的小物件,能让人看上去大有不同。不过,杰奎琳的终极时尚武器还要数超大的黑色太阳镜——遮住她间距稍宽的眼睛,和丝质围巾——通常被她用来包裹头发、在下颏系一个结、然后绑到颈后。没有人能将这种头巾造型演绎得如此迷人。

## 迷倒法国总统的第一夫人

不管杰奎琳穿什么,总是能与周围环境相得益彰。她很少穿黑色,通常会选白色,不然就选一些或淡雅或浓烈的色彩。杰奎琳有一种不可思议的能力,她所选择的颜色不仅能与环境相呼应,甚至可以引起观众心理上的共鸣。1961年,她与丈夫出访加拿大之前,加拿大驻美大使曾专程拜访蒂什·鲍德瑞奇,给她"打预防针"说:"我们加拿大人不喜欢表露热情。当年英国女王来访时曾非常郁闷，因为她已经习惯了在自己国家受到的热烈欢迎。所以，请务必转告总统先生和第一夫人，加拿大人民的冷淡反应并不代表他们不欢迎此次访问。"

显然，大使先生低估了杰奎琳的魅力和她掀起热潮的能力。从空军一号降落在渥太华的那一刻开始，加拿大群众就表现出了疯狂的热情。进城的道路两边挤满了欢迎人群，齐声高喊："杰姬！杰姬！杰姬！"出自卡西尼之手的华贵的红色羊毛套装和与之相配的圆筒帽，恰好呼应加拿大皇家骑警队的红色制服。这套漂亮的制服一向是加拿大人民心中的骄傲，而卡西尼精心选择的红色也正传达出一种微妙的敬意。此外，红色也是一个睿智之选，与年轻化的款式设计搭配起来，将杰奎琳衬托得优雅高贵。干净的线条完美贴合杰奎琳的身材，突出了她的苗条曲线。这是肯尼迪总统第一次意识到杰奎琳是多么宝贵的财富。奥莱格·卡西尼回忆说："他为她感到骄傲，我从他的脸上看得出来。她才是这次访问的头号人物。"

就在同年，杰奎琳的巴黎之行让她一举成为令全世界着迷的女子。她特有的时尚感和非凡的谈吐风靡了世界。随丈夫一起进行政治访问之前，杰奎琳总是会精心准备。这一次她同意与肯尼迪一起去巴黎会见戴高乐，有一部分原因是她热爱巴黎这座城市，还有一部分原因是，自从猪湾事件发生后，美国想要将菲德尔·卡斯特罗从古巴赶走的企图就此破灭，而肯尼迪总统政府也受到了前所未有的质疑与嘲笑。杰奎琳知道，在这个时候，肯尼迪与戴高乐的会面不会很轻松。戴高乐将军是个难以搞定的家伙，若是杰奎琳以非官方角色陪同出席会面，便可以充当亲善大使，填补丈夫与戴高乐之间的鸿沟。

没有人猜得到杰奎琳会在法国民众当中造成怎样的影响。当迎接肯尼迪夫妇的车队由奥利机场驶向巴黎城时，五十多万群众自发排在道路两侧，热情高喊："万岁杰姬！"她的风头完全盖过了丈夫和他的智囊团。从未有一位美国总统夫人受到过如此高的待遇。

戴高乐高大挺拔、仪表堂堂、极端自我中心主义，从不肯轻易对别人表露热情。在爱丽舍宫的午餐会上，杰奎琳坐在他身边，用流利的法语对法国的历史、艺术和文化侃侃而谈，完全迷住了戴高乐。"我的祖父母是法国人。"她骄傲地告诉他。"我的祖父母也是。"他答道。有人注意到，戴高乐的注意力完全在杰奎琳身上，几乎没怎么碰眼前的食物。他对肯尼迪总统说："您的夫人比大多数法国妇女还要了解法国历史。""还有大多数法国男子。"肯尼迪幽默地答道。

就这样，整个的法国之行变成了杰奎琳的个人秀，在凡尔赛宫镜厅中举行的国宴就是这场个人秀的高潮。《时代》杂志评论道："那一晚杰奎琳完全摈弃了美国式套装，而是以钟形晚礼服配以高贵式发型出场——礼服是法国设计师休伯特·德·纪梵希的顶尖作品。"礼服上半部饰以精美的刺绣，以山谷中的百合花为主，点缀以怒放的暗粉色玫瑰和其他色彩柔和的花朵。这件晚礼服洋溢着青春与迷人的气息，杰奎琳穿上它简直轰动全场。

卡西尼回忆说，杰奎琳选择纪梵希的设计是专门向法国时装致敬。"杰奎琳考虑得十分周全，她还很贴心地给我打电话，解释她的想法。由于政治原因，她必须得穿法国时装。"杰奎琳的头发是由当时巴黎最著名的发型设计师亚里山大作的。他说："夫人，我会把您打扮成王后。"他果然做到了。他为杰奎琳设计了一款高高隆起的蓬松发型，让人不由得联想起路易十四的情人芳丹伊公爵夫人。向梵克雅宝借来的钻石发夹恰到好处地束起杰奎琳的头发。最后，杰奎琳与总统走进凡尔赛宫的时候，身边陪同着 40 位鼓号手，全部身穿 18世纪的服装。

那一晚，杰奎琳着力凸显的法国元素远不止发型和衣着，她还成了肯尼迪的法语翻译。肯尼迪本人对外语一知半解，她就将戴高乐的谈话转译给肯尼迪听。这一次，肯尼迪看到了一个全新的妻子，他坚信多亏了杰奎琳的影响，戴高乐才没有像传说中那般强硬。在肯尼迪为法国记者召开的午餐会上，他为杰奎琳的成功作了最完美的总结："我想我应当向媒体作一下自我介绍，我就是那个陪同杰奎琳·肯尼迪访问巴黎的男人，我感到很愉快。"

全世界的媒体都用"非常成功"来评价这一次巴黎之行，而所有的风头都被杰奎琳抢了去。"这位年轻而光芒四射的第一夫人才是真正的重点。"《时代》杂志报道说。"美丽！""迷人！""完美的典型！"诸如此类的题目充斥着法国报纸。在丈夫宣誓就任总统后短短一百多天里，杰奎琳风暴就席卷了全世界。1961年底，她被百家国际性杂志共同评选为"年度女性"。

媒体对杰奎琳的新闻永远都挖不够，她的名人地位让她时时刻刻都活在媒体的聚焦之中，这让她又高兴又厌恶。杰奎琳十分懂得如何摆造型——这大概得益于她那位经常上镜的父亲——她明朗的微笑、闪烁的双眸和笔直的姿态似乎随时准备好被相机镜头所捕捉。

虽然杰奎琳非常享受被关注的感觉，但她也希望这种关注能按照自己的步调来。就像许多美丽的女子那样，杰奎琳喜欢自豪地

向别人展示自己最好的一面，她希望能由自己决定拍照时机。当然，这个时机决不包括她的私人时间和家庭时间。然而，无论在大街上吃冰淇淋，还是送孩子去学校，她都被狗仔队高度关注，步步紧跟，这无疑让她不胜其烦。杰奎琳并不想与公众作对，她只想保护自己的隐私。她希望能控制媒体曝光，只在合适的时候利用一下就好。

1962 年，杰奎琳独自对印度和巴基斯坦进行了访问。这并不是一次普通的亲善之旅。就在三个星期前，印度入侵了果阿岛——一个位于印度西海岸、归属葡萄牙统治的小岛。随着美国对此次入侵行动的严厉指责，反美情绪也如火山爆发般迅速蔓延到印度全国。印度总理尼赫鲁也对美国十分不满，尤其当美国暗示对印援助可能因此终止时，他便更加愤怒。

在开赴印度之前，杰奎琳的新闻秘书就宣布："这是肯尼迪夫人第一次独自进行的半正式访问。她认为，也希望这次访问具有纪念意义，而不是一场简单的时尚之旅。"也许她早已预料到，这一声明完全不被当真，记者们仍旧抓住每一个机会冲她狂按快门，对她每次出场的衣着都事无巨细地进行报道。由于事先进行过精心筹划，杰奎琳选择的服装色彩都与印度风格完美呼应——艳粉、亮黄、冰蓝、杏黄、淡紫、翠绿。她还特意选择了一款象牙白的服装，将她从披着彩色纱丽的印度妇女中凸显出来。一位细心的记者观察过，在为期两周的行程中,杰奎琳共换了22套不同的服装。

当飞机停落在新德里机场,杰奎琳从机舱中走出时,她身上那件粉红色衣服让她瞬时成为一道夺目的风景,所有的目光都集中在她身上。她所穿的是一套传统的印度王室服装,尼赫鲁和其他印度官员所穿的也是同一款式的服装。这是奥莱格·卡西尼的设计,头顶的候司顿草帽和腰间的丝带同样是粉红色。大家都知道,杰奎琳善于参考当地的文化、历史、艺术等信息,来准备出访所穿的服装。这次抵达印度会见尼赫鲁所选的服装,也许正是要传达出杰奎琳的立场:美国与印度团结一致、友谊长存。尼赫鲁早在之前出访美国时,就对杰奎琳着迷不已,这次一看到她,立刻眉开眼笑。美国驻印度大使约翰·肯尼斯·加尔布雷思对杰奎琳的全套服装大加赞叹,他将其描述为"仿佛一百万美元在灼灼发光的粉色套装"。

杰奎琳的服装设计只有一个宗旨,那就是在人群当中,她必定是最谋杀菲林的那一个。在参观巴纳勒斯的丝绸厂时,加尔布雷思大使这样评价杰奎琳的衣着:"杰奎琳拥有绝佳的现场感,她身穿淡紫色服装,方圆5英里之内,人们一眼就能从人群中找到她。"当杰奎琳顶着太阳,乘船穿过皮丘拉湖,前往乌代浦尔宫殿时,她换上了卡西尼设计的、华贵优雅的杏黄色礼服裙和外套。虽然这是一套标准的适合参加鸡尾酒会的礼服,但它运用了不易褶皱的硬质布料,即便在印度令人窒息的热浪中仍能保持漂亮的曲线。此外，衣服本身明亮的色彩和富有光泽的面料使得远远站在湖岸上的围观人群可以立刻认得出杰奎琳。

通常，杰奎琳会选择纯净的色彩，不喜欢在衣服上印花，不过在极少数场合下她也会破例。杰奎琳结束了印度之旅后，来到巴基斯坦稍作停留。在卡拉奇，骑在骆驼背上的杰奎琳身穿一件布满了红色、橙色和粉红色圆点的衣裙。从远处看去，这些小圆点混合成为一种纯净明亮的色彩，其效果是任何一种纯净的色彩都无法达到的。

在这一系列的访问开始之初，加尔布雷思大使曾担心：媒体会过多地将关注重点放在杰奎琳的衣着上，从而忽略了此行更为重要的政治意义。然而当访问结束之时，他相信杰奎琳此行对巩固美印关系大有帮助。"（尼赫鲁）被杰奎琳深深地吸引了，"加尔布雷思说，"这无疑会为美国赢来更多友善的目光。"杰奎琳对尼赫鲁的影响是毋庸置疑的，她仿佛对尼赫鲁施了魔法。正如杰奎琳的父亲早就预言过的那样：没有一个男人能抗拒杰奎琳的魔力。

## 优雅的秘诀——温柔和缓的语调

杰奎琳永远都忘不了，那些身披半透明纱丽、隐隐勾勒出美妙身体曲线的印度女子是何等优雅。穿上这些充满了女人味的美丽服装,姑娘们显得既端庄娴静,又极富诱惑力。杰奎琳觉得,这种风格同样适用于自己。

肯尼迪的姐姐珍·肯尼迪·史密斯有一位朋友,就曾在曼哈顿史密斯家的派对上见到过身穿纱丽的杰奎琳。"80年代初,我和丈夫受邀参加珍和斯蒂夫·史密斯夫妇举办的圣诞节派对。那天外面非常冷,我精心挑选了一件黑色天鹅绒礼服,我丈夫身穿无尾晚礼服。珍在房间里放满了蜡烛——地幔上、台阶上、所有的咖啡桌上。我们走上台阶,从精美的毕加索油画前经过,进入一间宽敞、热闹的大厅。突然,杰奎琳走了进来。所有人都停止了交谈,盯着她看。她站在那儿,高挑而笔直,身穿一件长长的、几乎曳地的纱丽。我永远都忘不了那纱丽的颜色——在蓝绿色和奶油色之间饰以金色亮点。她的整个人都闪闪发光。我满脑子都在想,她是怎样做到如此引人注目的。我和这屋子里一半的女士一样,穿着不会出错的小黑裙,而杰奎琳却在最冷的冬天,把薄透、轻柔、淡雅的纱丽自信满满地穿了出来。"

"主人将我介绍给杰奎琳,她轻声慢语地向我打招呼,将每一个字,尤其是元音都发得很清晰,听起来就像是'您—好—啊。'她与我握手时,我只顾着担心她的纱丽会着火,因为她抬起胳膊时,似乎完全没注意到旁边的蜡烛。我知道这听上去太不可思议了,有些人认为肯尼迪家族交上了噩运,而我只担心我们所有人连同这整幢房子都会被烧毁。”

　　玛蕾娜·斯特劳斯是杰奎琳从前在瓦萨尔学院的同学，后来成了一位历史学家。她对杰奎琳特殊的声音也印象颇深。“上法语课之前，我们常常坐在一块，讨论洛基大厦的台阶，那是一座根据洛克菲勒的名字命名的建筑。杰奎琳和我总会谈上几分钟——没有什么私人性质的内容，只是友好地交流。即便如此，她仍然有一种气场，让人觉得她就是与众不同。我永远忘不了她说话的声音——温柔、有礼、非常甜美。我迷死了她的语调。她说话从来不着急，瓦萨尔学院的其他女孩子们可不是这样。”

　　杰奎琳的形象是永恒的，她远远超越了时尚。她无可比拟的风格渗透在她所做的每一件事情里——愿意结交什么样的朋友、以何种方式消遣、读些什么书、如何

掌控生命中那些至关重要的事情，当然还有，如何教育自己的孩子。她的智慧、优雅的举止和出众的才华都是她风格的一部分。正如传奇的设计师可可·香奈尔所说："优雅与否绝不仅仅在于着装，更表现在女人如何经营自己，如何面对生活。"

## 留下想象的空间
### ——保持适度的神秘感

杰奎琳·肯尼迪最备受嘉奖的贡献就是彻底改变了美国人的品位。正如戴安娜·弗里兰德在她的自传《DV》中所说，杰奎琳·肯尼迪"只将一点点品位带入白宫，带到第一夫人的角色中，突然间追求'高品位'真的变成了有品位的事。在肯尼迪夫人上任之前，高品位从来都不属于现代美国——从不。肯尼迪夫人破除了我们对文化、对风格的消极观念……我们再也不会回到那时候。"

毫无疑问，杰奎琳的魅力是帮助她实现理想的关键因素。成功改造白宫，发起文化革新，这些都是她能力的直接体现。她就是可以影响别人去做一些他们本不会去做的非凡之事。她的表兄约翰·H·戴维斯评价她："从十几岁起就拥有不可思议的领导力，能让别人乖乖地服从她的命令。"

杰奎琳的神秘感也增加了她的吸引力。她从不让自己显得唾手可得，也很少表露真情实感，更从来不向公众展示她的痛苦。她死死地捂着自己的隐私，坚持生活是属于她自己的——而非公众的——这些都为她更添几分诱惑力。她很少接受什么邀请，所以她一旦出席某个活动，就会立刻成为众人的焦点。戴维斯也曾这样评价杰奎琳：从表面上看，她十分顺应社会规范，但实际上，她有着"自己非常独立的小世界，很少与他人分享。正是这个小世界的无穷力量，为她带来了巨大的成功"。

在杰奎琳担任第一夫人期间，总统的私人生活和家庭生活是不能被新闻媒体随便打扰和报道的。与"水门事件"期间任何事情都可以拿来肆意抨击相比，记者们显然谨慎收敛了许多。杰奎琳是个非常好的典范，所以记者们不遗余力地在报纸上对她进行正面宣传。虽然她是个烟鬼，但也很少被拍到手拿香烟的照片。

现在看来，我们还是不要对杰奎琳的生活细节了如指掌为好。她曝露得多一分，也许我们对她的敬仰就会少一分。杰奎琳最值得我们学习的地方，还是在于如何在人们心中永远占有一席之地。

在 2003 年的一份哈里斯民意测验报告中，被调查者要回答这样一个问题：在 1960 年之后上任的 9 位第一夫人中，"哪一位是历史上最优秀的第一夫人？"在 2394 份调查结果当中，杰奎琳·肯尼迪以压倒性多数选票荣登榜首。另外，她还轻松赢得了"最能向世界展示美国形象"的第一夫人、"美国妇女的最佳楷模"称号。

我们可以确信,杰奎琳的"美国最佳"形象永远不会动摇。毕竟,有谁能够像她那般臻于完美呢?

## 杰奎琳的智慧 ✤

　　杰奎琳巧妙地运用个人形象和品位，赢得了全世界的爱，但她仍旧每天致力于打造自己。而我们当中有多少人真正考虑过：我们想要展示一个怎样的自己？我们是否愿意花时间去打造自己？诚然，杰奎琳有钱置办高档时装，但我们都知道，好品位不是有钱就能买得到。不论贫富，杰奎琳总有办法让自己美美的，因为这对她至关重要。

　　杰奎琳明白，人们往往从外表就能立刻判断出一个人的社会地位、贫富状况和受教育程度。从父母那里，杰奎琳懂得了无论在什么场合，以最佳形象示人是非常重要的。所以，她的衣着、珠宝、妆容以及发型，都无时无刻不在传达着这样的信息——她是谁，她的主张是什么。杰奎琳把一切都做得滴水不漏。

　　千变万化的潮流趋势永远不会影响到杰奎琳对时尚的把握。就算大家一致认为某个造型相当时髦，如果杰奎琳觉得它不适合自己，也会干脆地把它否决掉。只要心存丝毫疑虑，那么杰奎琳绝不会屈从于任何人的意见。其实，只要肯听从于内心的声音，任何人都能找到那个最适合自己的风格。

　　有句古话说得好："简单即是美。"这句话时刻体现在杰奎琳身上。她的穿衣风格总是简简单单、毫不夸张，让人以为她并没有为此多费心思。回顾那些杰奎琳身穿正装的照片时你会发现，她佩戴珠宝总是能少则少：戴了大耳环，就不戴项链。她只戴一到两个戒指，从不戴三个或四个。有时候，杰奎琳甚至把珠宝看得无足轻重。她那条鼎鼎大名的珍珠项链总是藏在衣领后面，肯尼迪送给她的漂亮的红宝石草莓胸针也常常半隐在外套下面。杰奎琳认为珠宝应当低调而显品位，不宜太过招摇。

对待衣服，杰奎琳的态度则是：从不墨守成规。她知道什么时候该毫不犹豫地脱下雪白的手套、僵挺的外衣和成套的圆筒帽。杰奎琳晚年就经常穿着十分休闲的套装和舒适的丝质衬衫。她很清楚什么是永不过时的，而什么又是稍纵即逝的。

然而，杰奎琳风格远远不止她所穿的衣服，更包括她的生活方式。她有意识地提醒自己，要以同样的优雅与高贵来对待不同的人。作为所有人心中的超级明星，她从不恃宠而骄。将心比心，她希望自己得到怎样的对待，就以怎样的方式去对待别人，包括每一位门童、清洁工和侍应生。就算有陌生人冒犯了她，向她提一些唐突的问题或是表达一些多余的殷勤，她也只会微笑着走开，而不会粗暴地对待对方。

如果说我们的外表、说话做事的方式都是我们风格的注解，那么，我们对待他人的方式则是这些注解当中最能说明问题的一个。有句话说得好："完美是由许许多多小事串连而成的，而完美本身绝非小事。"这句话便是对杰奎琳一生最好的歌颂。她是我们所有人的榜样和典范——不仅穿得漂亮，活得更漂亮。

# 第四章

## 执著于梦想——倾听内心的声音

*Jacqueline*

"一旦你看到了自己的内心，你的梦想便会逐渐清晰。"

———卡尔·荣格，心理学家

对许多人而言,杰奎琳将作为美国的王后而永远被人铭记。20 世纪 60 年代是一个充满肯尼迪式荣耀与辉煌的时代,被喻为"卡美洛神话",而杰奎琳正是那个令人难忘的时代里最鲜明的印记和象征。她不费吹灰之力,就摆脱了"丈夫的脚注"的角色,获得了令任何一位总统夫人都无法媲美的赞誉。为什么杰奎琳会给我们留下如此难以磨灭的印象?她是怎样做到的?

这是因为,杰奎琳自始至终都怀有远大的梦想。她将其紧紧抓住,不让它从自己身边溜走。就在肯尼迪总统宣布他的登月计划时,杰奎琳却在想象着一个完全改观后的白宫,到处充满了历史感与文化感。她要让白宫重新焕发往日的光彩,成为美国第一宫。

我们每个人都有着属于自己的梦想。像杰奎琳一样,我们必须将它认清,把它牢牢地抓在手里,绝不因一时的沮丧而将它放弃。杰奎琳最喜欢的一位诗人威廉·巴特勒·叶芝有一首诗,恰好完美地阐释出这一点:


我把梦铺在你的脚下;
轻一些踩,因为你踩着我的梦。


杰奎琳是极其罕见的一种人,她完全相信自己内心的声音,从不需要来自别人的认可。当她还是个孩子的时候,就懂得坚定地去发掘内心的答案。一旦被她找到了，她就会将目标付诸实践，任何人都改变不了她的决定。

## ❦ 第一夫人的梦想 ❧

早在杰奎琳成为第一夫人之前，世人眼中的美国在音乐、艺术、文学甚至美食烹饪方面，都无甚可取之处。德怀特·D·艾森豪威尔总统和夫人玛米在这方面毫无建树。在许多文明国家的眼中，美国人都是些粗鲁、缺乏教养的家伙。然而，作为一位玲珑精致、受到过良好教育的女性典型，杰奎琳的出现改变了世人的偏见。她以一己之力，将美国在全世界以及本国人民心目中的形象，来了一次大改观。

杰奎琳始终坚定不移地推动美国艺术的发展。与其他国家相比，虽然美国的艺术发展尚属"小字辈"，但许多极具天分的诗人、音乐家和其他方面的艺术家已经可以与世界一流的艺术大师们一较高下，有时甚至更加出色。她修复白宫，重新点燃了整个民族对于自己辉煌历史与人文传承的骄傲与认同。

与如今的政客们动不动就举行政治投票和调查不同，杰奎琳一向不需要别人来告诉她怎么做才是最合适、最顺应潮流的。早在丈夫刚刚宣誓就职之时，她就萌生了修复白宫、提升美国的艺术水平的念头。为了实现目标，她付出了非常多的精力。

杰奎琳永远忘不了 11 岁那年她第一次来华盛顿的情景。那是 1941 年的复活节周,母亲带着她和妹妹李参观了国会大厦和一些其他的景点。她第一次走进了白宫——和许多游客一起排队等待了很久——感到失望透顶。"白宫让我失望极了,那儿实在是阴沉乏味。没有什么可以带走的小册子,也没有任何内容介绍这所伟大的房子和曾经入住过的总统们。"

## 实现梦想的要素
### ——意志、领导力和技巧

1960 年,作为国家政府中心的白宫几乎成了几间简陋屋子的集合体。那些波澜壮阔的历史和灼灼闪耀的美国精神,在这里荡然无存。当玛米·艾森豪威尔带杰奎琳在白宫里四处参观时,那阴暗沉闷的景象令这位新晋第一夫人十分震惊和沮丧。杰奎琳看到那些处理国家事务的办公室无比"破烂、陈旧、杂乱无章。那些无人料理的房间真叫人难过……一想到这些设计拙劣、疏于维护的房间就是美国的心脏,我就坐立难安。想想看,当其他国家的国王、王后和领导人来参观我们总统的住所时,看到这样的景象,他们心里会怎么想?"凭借着对历史的热情,还有对美和设计的天生的鉴赏力,杰奎琳立刻就知道应当怎么做了。

从大选结束到总统就职典礼之间的那段时间,杰奎琳从国会图书馆里找来许多关于白宫的历史书籍和资料,细细研读。"我们必须让这座建筑成为美国人的骄傲。我想把它变成美国第一宫。"

修复白宫的 132 个房间是一项令人望而生畏的艰巨工程——不光是因为白宫房间众多,面积巨大,更是由于这项工程充满了政治危险。白宫是出镜率极高的政府财产,属于全美国,任何一点点改动都可能引起严重的政治问题。可想而知,肯尼迪对此事非常担忧。

起初,肯尼迪极力反对杰奎琳的计划。他告诉杰奎琳,自己绝不能同意她大张旗鼓地重新装修白宫,因为这样势必会引起太多非善意的关注。也许肯尼迪想到了包括马丁·凡·布伦和哈利·杜鲁门在内的前几任总统想要整修白宫时,所承受的来自国会的压力和公众的愤怒指责。然而,杰奎琳却坚持己见,她一再对肯尼迪强调:这不是重新装修,而是修复还原白宫原貌。

肯尼迪找来了克拉克·克里福德——他的私人律师和可信赖的顾问,去劝说杰奎琳放弃计划。发现自己根本无法阻止杰奎琳时,克里福德便很聪明地建议她成立一个"白宫艺术委员会",为修复工程提供法律和政治保护。同时,委员会还可以筹集工程资金,征集不同历史时期的古董家具,并规避可能出现的纳税人指责政府滥用税金的情况。

杰奎琳的梦想着实令人赞叹。所有人都想加入她的计划，一起去完成这项巨大的工程。就在总统就职典礼后的短短一个月，白宫艺术委会员成立了，杰奎琳出色的领导能力由此崭露头角。她亲自力劝美国早期家具的收藏研究专家、百万富豪亨利·弗里西斯·杜邦担任白宫艺术委会员主席。老杜邦是共和党人，但杰奎琳不在乎他的政治派别，她只看重他的学识。老杜邦的意见几乎百分之百能得到那些老富翁们、全国上下的博物馆馆长们、收藏家们以及学者们的拥护与配合。

杰奎琳拥有一种非凡的能力，在达成目标的过程当中每一步应该怎么走，她似乎都看得一清二楚。她将修复工程当中的所有小细节都管理得井井有条，确保每间屋子都能准确地还原历史原貌。她到处寻求支援，把相互敌对的博

物馆馆长们分派开来,力劝藏有古董家具的私人收藏者们将藏品捐献出来。她凭借一己之力,巧妙而成功地说服媒体大亨、艺术品收藏家沃尔特·安南伯格,将他那幅价值连城的本杰明·富兰克林画像捐献给白宫。她还成功地拿回了托马斯·杰弗逊用过的墨水池和乔治·华盛顿坐过的扶手椅。杰奎琳凭借第一夫人的身份,目标坚定、从容自信地不断推进她的工作。

从表面上看,修复工程是由整个团队齐心推动的——艺术委员会里所有了不起的成员——富豪、学者、博物馆馆长,还有白宫室内装潢师帕里什,他们与杰奎琳一起共同出力,但事实上,杰奎琳才是最后拍板的那个人。她非常明智,知道要达到自己的要求,就来不得妥协,但为了不给肯尼迪带来政治压力,她也会走迂回路线来达到目的。

事实上,法国设计师斯黛芬妮·布丹也被杰奎琳悄悄地邀请到修复工程中来,为的是给白宫增添几分纯正的法国气息。从历史上来看,有一些房间也的确要求凸显法国风情。为此,杰奎琳经常对艺术委员会主席亨利·杜邦的意见视而不见——就算有时她已经公开对杜邦的意见表示过赞同。最终,这位"神秘嘉宾"被《新闻周刊》记者马克西恩·柴什尔曝光,他是这样描述的:"(修复工程是)一部包含了学术研究、预算纷争、无形压力、钩心斗角的传奇故事,一批大人物被杰奎琳偷偷地藏在丝绒窗帘的后面,他们对整个工程起到的却是不可估量的作用。"

## 修复白宫，梦想成真

　　杰奎琳修复白宫的工程在预定时间内完工了。只用了一年多的时间，她就将那座"破屋陋室"改造成最宏大雄伟的大厦。它不仅彰显了美国人的高雅品位，更突出了联邦总统官邸这一重要的历史角色。

　　由于杰奎琳创造了这个了不起的功绩，肯尼迪总统的形象被定格在历史中，直到今天仍被牢记。千百万美国人民议论纷纷，都想知道杰奎琳究竟创造了怎样的奇迹。1962 年 2 月 14 日晚，五千多万观众打开电视机，收看《肯尼迪夫人带你游白宫》节目。杰奎琳对白宫里所有的历史遗物几乎如数家珍，这给节目制作人、哥伦比亚广播公司记者帕里·沃尔夫留下了极为深刻的印象。"我为杰奎琳准备了一份节目脚本，她在上面细心地标了注。虽然我们研究小组对各种各样的白宫艺术品的来源出处都进行了认真整理，可杰奎琳还是一眼就看出其中的几处错误。她对所有的东西都一清二楚。她真是太棒了。"

　　正当美国千百万观众在家收看电视节目时，沃尔夫则看到了一些鲜为人知的细节。"节目录影结束以后，我把影片拷贝拿给总统和肯尼迪夫人。我们在白宫的一间私人放映厅里观看，我就坐在总统夫妇身后。节目结束后，肯尼迪总统对我说：'沃尔夫先生，杰奎琳真是了不起。'他着实以她为傲，他们夫妇之间也的确在相互支撑、相互扶持。他们轻轻地抱了抱彼此。那一霎，我分明看到了真爱。那真是甜蜜的一刻。"

根据美国广播通讯博物馆的记录来看，黄金时段播放的电视纪录片由女性做主要旁白，这还是第一次，反映了美国社会中妇女的地位已经得到极大提升。

这是属于杰奎琳的成功之夜。电视镜头随着她从一个房间转换到另一个房间，她对观众讲述这里由普通的总统官邸到真正的艺术博物馆当中发生的巨大变迁，带领观众逐一领略美国早期家具和物品的巨大魅力。在广播中，杰奎琳还谈到她与肯尼迪总统访问哥伦比亚总统官邸时的经历，在那里，每一件家具都打着历史的烙印。"我想，白宫也应当这样。我在白宫里几乎看不到什么有历史的东西，找不到1902年之前的物件，这让我无比羞愧……有时候，我会觉得美国历史是个无聊的话题，只知道一味地强调年份日期。如果（青年学生们）可以来白宫亲眼看看……这座建筑，亲身接触——当然，是某种意义上——曾入主过这里的历史人物，那么，他们对历史的兴趣就会大大增加。我想，他们会成为更优秀的美国公民。也许他们当中的某些人会希望将来入主白宫——这是再好不过的。"

杰奎琳还考虑到一个问题:前几任总统都曾根据自己的意愿装修过白宫,所以,如果未来的第一夫人与杰奎琳的眼光和想法不同,那就极有可能会将她的装修成果拆除掉。为了防止这一可能出现的问题真的发生,杰奎琳偷偷想出一个聪明的办法——她拼命争取,使国会将白宫定为博物馆,并对馆内的藏品严加监管。与此同时,白宫博物馆馆长办公室也成立起来,为白宫提供更加长久的保护。为了给将来的修缮工作提供资金,杰奎琳还撰写了一本名叫《白宫历史导游手册》的书。迄今,这本书已卖出 800 万册。

　　杰奎琳成功地修复了白宫,因为她自信满满,敢于果断地把梦想付诸实践,她也有充分的决心去应对可能出现的任何障碍。除了依靠铁一般的意志、一流的组织能力和高超的说服技巧以外,杰奎琳最终取得成功还在于她完全相信自己的选择。纵观杰奎琳的一生,我们会发现:只有百分之百有把握的事情,她才会去做,否则便不做——这条宝贵经验适用于我们所有的人。

## 美国的非正式文化部长

　　成功修复白宫以后,杰奎琳把目标转向了如何提升美国的艺术地位问题上。她希望把自己在伦敦和巴黎等地感受到的城市文化和精髓,同样灌注到华盛顿来。对许多人而言,杰奎琳就是美国的非正式文化部长。这一点儿都不稀奇，想想看，杰奎琳从孩童时代起就在艺术方面倍加努力——写诗、画一些怪诞的速写、阅读古典文学作品、参观世界著名的博物馆、定期去听音乐会、观看芭蕾舞表演。

杰奎琳选择了一种极其简单的方式来推动艺术发展。她以自己和肯尼迪总统的住所——白宫作为开始。据白宫办公厅主任、杰奎琳的社交秘书蒂什·鲍德瑞奇回忆说："总统夫妇在东房举办历史题材的餐后表演。他们向世界骄傲地展示着美国最好的一面。"为了让美国人对本国文化像对政治遗产那样引以为傲，杰奎琳特意邀请享誉世界的音乐家，如著名大提琴演奏家帕布罗·卡萨尔斯来美国进行表演。国际知名作曲家莱昂纳多·伯恩斯坦和艾伦·科普兰也曾携管弦乐队来美国表演。肯尼迪夫妇还首次举办青年音乐会，鼓励无数年轻人去欣赏音乐。一些世界级的优秀演员，如巴兹尔·拉思伯恩、弗雷德里克·马奇等都被请来，详细讲述经典戏剧和小说中的片段。后来，离开了白宫的杰奎琳曾对采访她的媒体说："肯尼迪总统和我都怀有同样的信念——艺术必须得到全社会的尊重。我们所做的一切都是为了唤起公众的注意，让大家认识到什么才是美国的精华，什么才是值得尊重和崇拜的。在此之前，美国对待艺术简直就像后母对待继子一样，缺乏足够的关心。"

杰奎琳的艺术天分为她所做的每一件事都烙上了鲜明

的个人印记，甚至连在白宫举办的晚宴都因她发生了彻底改变。一想到在新改建的白宫里，任何娱乐活动都将成为世界舞台上的"重头戏"，杰奎琳就本能地意识到，这些娱乐活动已不再是单纯的"娱乐活动"。与前届政府完全不同，肯尼迪时代的晚宴充斥着精美的食物、美丽的桌面装饰和精彩绝伦的餐后表演，参与演出的全是当时国内最杰出的音乐家和演员。

那些令人难忘的夜晚充分证明了杰奎琳不俗的眼光和品位，也显示了她对美和艺术的信仰。这些仿佛只存在于神话传说中的精致晚宴，直到四十多年后的今天仍被人们津津乐道。它在世界面前树立起一个鲜明的美国形象，它让所有人了解到，原来美国的智慧和风雅不会逊于任何一个欧洲国家。

1961 年，帕布罗·卡萨尔斯在白宫的演出登上了世界各大报纸的头版头条。在此之前，白宫举办不定期室内音乐会的时间可以追

溯到托马斯·杰弗逊总统时代,大约160多年前。卡萨尔斯接受演出邀请时已是八十多岁的高龄,并且已有三十多年没有在美国演出过。他本来拒绝在任何支持西班牙独裁者弗朗西斯科·佛朗哥的国家表演,不过从多方面报道看来,他似乎唯独对肯尼迪总统夫妇破了例,因为他极欣赏肯尼迪总统关于维护"世界和平"的承诺。《纽约时报》报道说,卡萨尔斯的音乐会"已不仅仅是一场单纯的音乐之夜,它说明白宫已经开始担负起它的职责,至少从某一方面看来,白宫已经初具规模了"。

长久以来,杰奎琳都梦想着将白宫变成美国第一文化圣殿。现在,这个梦想正在逐步实现。在《纽约时报》的报道里还有这样的评论:"许多创意人物都认为,由白宫掀起的这场艺术热潮虽不能彻底改变局面,却可以激发公众的意识觉醒,使大家认识到文化的重要性。"

作曲家莱昂纳多·伯恩斯坦仍清晰地记得卡萨尔斯的音乐之夜。"我忍不住把那天的情形与上一次我在白宫演出时的情形作比较。当时还是艾森豪威尔总统在任时期,我与管弦乐团大约30名成员共同演奏。"他说,"如果拿那一夜与卡萨尔斯之夜相比较,无疑就是用黑夜来对比白昼。艾森豪威尔总统的晚宴严肃、拘谨,甚至有一点儿不太愉快。食物非常平淡,酒也十分普通,而且来宾不能吸烟。相比之下,卡萨尔斯之夜的感觉就像同一群老朋友共进晚餐。食物棒极了,酒也非常醇美,桌上还提供香烟。大家纵情欢乐,高声谈笑。有人讲故事,有人说笑话,每个人都兴致勃勃。那是一个完全不同的世界,简直像在另一个星球上。"

## 黑暗的日子

在白宫这些田园诗般美好的日子之后紧随而至的,便是美国历史上最黑暗的一段日子。肯尼迪总统遇刺,举国哀痛。在这个时刻,带领我们走出伤悲的正是杰奎琳·肯尼迪。杰奎琳坚信约翰·菲茨杰拉德·肯尼迪的伟大,她决心要在葬礼上充分体现总统的精神,并坚决捍卫他的遗赠。

白宫记者团团长海伦·托马斯写道:"她的悲伤中包含着无比的庄严。在约翰·菲茨杰拉德·肯尼迪的国葬仪式上,她赋予丈夫至高无上的荣誉。这场高贵肃穆的葬礼将永远被载入美国史册。"

## 卡美洛传奇的诞生

杰奎琳开始将全部心思投入到一个问题上——如何让人们永远记住肯尼迪。她意识到总统的遇刺身亡以及之后的一系列余波将成为一个重要的历史事件,于是,她开始着手为如何评价肯尼迪定下基调。仅仅在葬礼举行4天以后,杰奎琳就给记者西奥多·H·怀特打了电话。当时是感恩节周,她正在科德角海恩尼斯港的家中静养,于是便邀怀特去那里与她会面。杰奎琳知道怀特正为《生活》杂志做总统遇刺的专题,她觉得可以借此机会来决定整件事情该如何报道——第一步就是为总统写一段独一无二的生平。早先,怀特写过一本名为《成就总统之路》的书,曾对肯尼迪大力美化。

接到杰奎琳的电话之后,怀特必须尽快作出决定:去还是不去。当时科德角大雨滂沱,浓雾弥漫,杂志社的最后交稿时限只剩下几个小时,他年老体弱的母亲此刻也不大舒服,他自己也被连日来对遇刺事件的繁忙报道和纪念活动搞得精疲力竭。然而那天晚上,他还是决定去见杰奎琳。他还记得,自己一见到杰奎琳就被她迷住了。当时她已经脱下了黑色丧服,穿着米色上衣,黑色裤子,平底鞋。"让我印象最深的是她的冷静沉着,"他说,"当然,还有她的美貌、深如潭水般的眼睛、沉静的声音,还有她的全部。"

杰奎琳认为,怀特对总统的描写应该偏重于塑造他的英雄形象,而不是过多地描写那些阴森恐怖的暗杀细节。尽管杰奎琳正经历着一生中最痛苦的时期,她对丈夫的离去痛不欲生,又被举行葬礼的许多细节弄得疲惫不堪,但她还是将全部精力集中起来,投放在如何评价总统这件事上。

她对怀特说,肯尼迪小的时候体弱多病,大部分时间只好躺在床上读圆桌骑士的故事。久而久之,他便培养起一种充满英雄主义和理想主义的历史观。

杰奎琳将肯尼迪总统在任的一千多天比喻为一部传奇故事——《卡美洛传奇》,它本是一部十分叫座的百老汇音乐剧中的一首歌,歌颂了神话般的亚瑟王和他的众骑士们。杰奎琳对怀特说:"晚上睡觉之前……我们有一部老式手摇留声机,他总会放一些胶碟听……这是他最喜欢的一首歌,他爱卡美洛。'千万不要忘记,曾有过那么一个地方,有过那样辉煌灿烂的时刻,那就是卡美洛'……"

"她满怀热情地讲述着这些故事,在灯光的映衬下,这一切都显得极其动人。"怀特说,"我想,这大概不完全是真实的历史,但杰奎琳却有办法让我心悦诚服,她竟能以如此温情、浪漫的基调来衬托这场巨大的悲剧。她的身上的确有着某种令人感叹的特质……她一心希望我能将《生活》杂志的这篇报道定位在"卡美洛神话"的基调之上,这不是什么难事。我对自己说,为什么不呢?如果她想这么写,那就这么写吧……"

怀特完成初稿已是凌晨两点。他将打好的稿子拿给杰奎琳看,杰奎琳又做了不少修改。最明显的是在文章最后一行,她加上了一句话:"不要忘记那辉煌灿烂的时刻,那就是卡美洛。"

通过将卡美洛传奇与丈夫的总统生涯相类比,杰奎琳·布维尔·肯尼迪成功地为约翰·菲茨杰拉德·肯尼迪时代定下了基调——一个与圆桌骑士时代同等辉煌的盛世,英雄们勇气可嘉、功绩卓著,他们魅力四射的妻子用爱情与荣耀来为他们增光添彩。从那以后,对肯尼迪时代的这一神秘而经典的比喻便流传至今。

## 杰奎琳的智慧

　　杰奎琳是个幸运儿，但她更是极少数勇于追求更广阔世界的人。她的目光远远超越了地平线。她敢于梦想，更清楚如何才能实现它。她从不让梦想的翅膀停下，只要生活将新的机会展示在她面前，她就随时会有新的梦想。

　　探索你自己的梦想并不难。只要你知道自己想要什么，如何去得到它，你就能办到，甚至还能比想象中做得更好。杰奎琳的梦想是独一无二的：她想成为第一夫人，成为一位妻子和母亲，成为独立的自己。她懂得该如何实现自己的梦，从不需要别人说三道四，指点她怎么做。同样的，我们也应当懂得：只有自己的梦想才是最重要的，别人的想法对我们毫无意义。

　　杰奎琳告诉我们，不管别人如何泼冷水，我们都要真心相信自己的梦。她心目中的白宫显然不是其他人能看到或是愿意看到的，因此，要战胜周围人的想法和意见——包括她的丈夫，她就必须经历一场艰苦的斗争。她要坚持下去，直到胜利。从杰奎琳身上，我们懂得了：光有梦想是不够的，我们必须有所计划，还要有实现计划的意志和勇气。

　　无论是琐碎平淡的小事，还是了不起的大事，都可以成为我们的梦想。一个小小的愿望与一番宏图大志同等重要。有时候，我们想要的未必可以达成，正如杰奎琳起初也没能让肯尼迪开口向她求婚。然而,她坚持着与肯尼迪在一起的愿望,最终,他们结婚了。

希望过怎样的生活?希望达成怎样的愿望?虽然在这些问题上我们每个人都有各自的想法,但仍有一些目标和价值观是可以拿来与他人分享的。杰奎琳让我们知道,支持那些我们所爱之人的梦想,会为我们带来怎样的满足和回报。就像杰奎琳全力以赴帮助丈夫竞选总统一样,我们也可以将自己的勇气、智慧和天分贡献出来,帮助我们的至亲好友去达成他们的梦想。

除了支持亲人和朋友以外,帮助陌生人也可以让我们收获快乐和满足。杰奎琳曾加入到保护纽约中央火车站和古老的华盛顿拉菲特广场的活动中去。她的胜利充分证明了:只要志同道合的人们将他们的梦想汇聚在一起,即便是看似不可能的事情,也一定会成功。

听从内心的声音,这就是梦想的全部意义所在,也是一个真正的、丰盈的生命的全部精华之所在。无论我们的梦想看起来多么不可思议,我们都能将它变为现实。即便我们最终失败了,也可以得到丰厚的回报——上一段路程中的绊脚石,将会成为下一段路程中的拐杖。就这样,杰奎琳最终登上顶峰,摘到了她的星星。只要我们敢于梦想,我们也能摘到属于自己的那颗星。

# 第五章

## 强大的内心——宁弯不折的品质

*Jacqueline*

"当暗杀者的子弹粉碎了一切梦想,全世界看到的
是她隐藏在锦缎华服之下难以想象的力量。"

——休·塞迪,《生活》杂志记者

虽然杰奎琳生性无所畏惧、独立自主，但人们还是很难想象"在她的锦缎华服之下竟然隐藏着无比强大的力量"。在丈夫遭到暗杀后的那些痛苦日子里，杰奎琳表现出的正是这股巨大的能量。日复一日，她向这个阴郁哀伤的民族传递着希望：未来依然美好。从那以后直到今天，"勇气"一词便成了形容杰奎琳最常用的形容词。

然而，在达拉斯那致命的一枪响过之后，许多人并没有立刻意识到杰奎琳的勇气。记者玛莎·杜菲在报道中说："她在不幸之中表现得非常出色。1963 年 11 月 22 日，当达拉斯的灾难发生以后，所有看到她的人都说她没有流泪，以为她被吓呆了。可是，杰奎琳明白她必须履行对丈夫、对孩子和对国家的承诺。她鲜艳的粉红色套装沾满了鲜血和脑浆，但她坚持着不肯换下，也坚决不肯离开肯尼迪的尸体半步。"当他们乘坐的汽车驶达帕克兰医院门前时，杰奎琳仍旧牢牢地抓着丈夫的头颅，小心翼翼地想要把他破碎的大脑放回颅骨里。直到肯尼迪的一位助手找了件衣服盖在总统的头上，杰奎琳这才允许他把总统的尸体从她身边搬开。帕克兰医院的医生想要让杰奎琳等候在急救室门外，可她硬是从护士身边挤进去，不肯与肯尼迪分开。当骨灰盒被送到医院时，医生再次试着劝杰奎琳先离开，可是她说："你觉得看到骨灰盒我会难过吗，医生？我已经眼睁睁地看着我丈夫被杀，就死在我怀里。他的鲜血溅满了我全身。还能有什么更坏的事情呢？"

## 初露头角的坚强意志

　　虽然杰奎琳一生当中再没有什么事比丈夫遇刺更恐怖，但此刻她的勇气却丝毫不让人感到意外。因为她时常表现出勇敢和独立思考的精神。早在 2 岁时，杰奎琳就被抱上一匹棕色高头大马的马背。出乎大家意料的是，她并没有哭闹着要下来，反而紧紧地夹着小腿。没过几年，杰奎琳就成长为一名羽翼丰满的小骑手了。我们从另一件小事里也可以看出杰奎琳的勇敢：4 岁那年，保姆带着杰奎琳和妹妹李去纽约中央公园散步，后来杰奎琳走丢了。她不像别的孩子那样号啕大哭，而是找到警察说："我的保姆走丢了。"她报出了家里的电话号码，警察打给她的母亲，后来母亲从警察局里把杰奎琳领回了家。

　　杰奎琳 11 岁那年，父母离婚。在 20 世纪 40 年代，离婚还是一件丢人的事情。

简妮特和杰克·布维尔的婚姻头一天还处在荣耀的巅峰,而第二天就跌入无底深渊。有许多人都在背后对这桩所谓"风光"的婚姻最终分崩离析而大嚼舌根,于是,他们的小孩也就肆意地嘲笑杰奎琳和妹妹李。杰奎琳根本不去理会他们,她学着给自己戴上一张保护面具,不让别人靠近她的内心。她也很快明白一个事实:来自婚姻与家庭的爱与安全感很可能一瞬间就灰飞烟灭。杰奎琳就像一只高贵的天鹅,水面下的双脚狠狠拍打着水流,表面上却是一副优雅恬淡,从暴风骤雨之间昂然滑过。她学会了如何冷对危难,如何依靠内心的强大力量度过那些无比黑暗的日子。

如果有人感到孤独,而他身边又恰好没有赞赏、鼓励的声音,那么他就更难打起精神。杰奎琳 18 岁那年做了一件勇敢的小事。当时,她的祖父小约翰·弗农·布维尔("杰克爷爷")紧随着杰奎琳祖母的脚步离世。他刚刚咽气,家庭成员之间就不顾他的生前遗愿大吵起来。吵架的目的无非是为了金钱、地位和特权,对于布维尔家族的人来说,这可是至关重要的,每个人都紧盯着自己的那份遗产。杰奎琳后来回忆说:"我就坐在祖父的灵柩前,静静地看着他。他躺在那里,穿着他那件黑色套装,双手紧握。在此之前,我从没有看到过死亡的真面目,不过惭愧的是,那一次也没有给我留下太深的印象……不过我很高兴,因为他看不到他亲爱的孩子们在他死后都干了些什么。"

杰奎琳还记得一位园丁来守灵，带来一束小小的紫罗兰。杰奎琳的一位傲气冲天的姑姑一把抓过这束粗糙简陋的小花束，扔进一大丛鲜花里。这举动在杰奎琳看来十分粗鲁。从园丁朴素的礼物中，杰奎琳看到了浓浓的爱意，那正是在这些至亲的亲人们身上看不到的。所以，当灵柩要闭合，姑姑让大家离开房间之时，杰奎琳"跪在灵柩后面的长椅上，把那束紫罗兰放进去，放在祖父的肘下，这样，来钉灵柩的人就看不到它了"。这个挑战行为正是杰奎琳对她这些表现差劲的亲人们的抗议。

## 快乐和悲伤的日子

一生中最快乐的日子应当怎样度过？在这个问题上，杰奎琳性格中的爆发力再一次体现出来——那是 1953 年 9 月 12 日，她与约翰·肯尼迪结婚的日子。那是一场经过精心筹划的婚礼，任何一位新娘都会心满意足。《新港日报》将其形容为"历史上最辉煌的婚礼"。杰奎琳身上的象牙白塔夫绸礼服足有 50 码，她的 10 位伴娘都穿着粉红棱纹绸和红色缎子的礼服。那天天气晴朗，新娘子娇美如花，新郎也英俊潇洒。从波士顿专程赶来的柯辛红衣大主教还特意带来了罗马教皇皮亚斯十二世给新人的祝福。

然而，拥挤在圣·玛丽教堂的 900 位来宾们永远都不会知道,在杰奎琳宁静的面容背后隐藏着差一点儿夺眶而出的眼泪。就在婚礼开始前的几分钟,她才得知亲爱的父亲杰克·布维尔今天不能挽着她的胳膊走过中央通道了。很显然,有人不希望醉鬼杰克出现在这里,于是杰奎琳的继父奥钦克罗斯将代替他的位置。杰奎琳再清楚不过,父亲是多么盼望着这一刻,所以,当所有的婚前派对,包括婚礼前夜的预演派对都把父亲排除在外时,他的心里该有多难过。当前妻简妮特告诉黑杰克,奥钦克罗斯的罗德岛汉默史密斯农场不欢迎他到来时,他便开始借酒浇愁。婚礼当天的早上,人们发现黑杰克早已烂醉如泥。

当婚礼仪式开始,所有来宾的眼睛都望着杰奎琳。此时,她强制自己平静下来,至少是表面上的平静,不让刚才发生的事露出半点痕迹。她再一次调动自己强大的力量,将心里的伤口深深掩盖,只做一个万众期待的安详美丽的新娘。

## 对婚姻的坚持

对杰奎琳而言,父亲的缺席让她对这场婚礼失望至极,然而更糟的事并不在此。早在她与肯尼迪宣布订婚以后,肯尼迪的行为就深深伤害了她的心。就在订婚消息公布后不久,肯尼迪就在法国南部租了一艘游艇,与他的几位男性朋友度假去了,只把杰奎琳一个人丢在新港的家里。举行婚礼之前,他又把杰奎琳叫到一边,坦白告诉她自己是个无可救药的花花公子。"肯尼迪全说了,"佛罗里达州参议员乔治·斯马瑟斯说,"他向杰奎琳坦白了一切,可杰奎琳处理得很好。她看得出,肯尼迪是一个典型的肯尼迪家族成员,而乔(肯尼迪的父亲)从来都不是这个家族的好榜样。杰奎琳并没有被吓住。那个阶层的女子从来都对丈夫的桃色事件睁一只眼闭一只眼。只不过肯尼迪坦白得太多,后来他一直后悔对杰奎琳和盘托出。他与杰奎琳的父亲黑杰克简直一模一样,杰奎琳明白,无论是父亲还是丈夫,都不会改变他们的作风。"

其实,早在肯尼迪坦陈一切之前,杰奎琳就对丈夫能否保持忠诚表示出强烈怀疑。虽然肯尼迪让她倍感失望,但是,正如从古至今那些陷入爱情中的女子一样,杰奎琳还是认为,出于对自己的爱,肯尼迪终有一日会悔改。她一直在为丈夫找借口,以此来美化丈夫的那些所作所为:他所犯的错是大多数男人都会去犯的。自己亲爱的、仰慕的父亲不正是这样的吗?在杰奎琳婚礼那天,她在人群中发现了世交好友波丽·滕尼。波丽是钢铁大王安德鲁·卡耐基庄园的女继承人,她与拳击手吉恩·滕尼的结合在当时震惊了信奉新教、地位高贵的卡耐基家族。杰奎琳把波丽带到一边,问了她这样的问题:"一个已婚女子该如何处理与花心丈夫之间的关系?"这个问题让波丽十分吃惊,她答道:"哦,亲爱的,我总是发自内心地相信,我才是他真正爱着的那个人。"没错,新婚的杰奎琳满怀希望,她就是抱着这样的想法:相信在肯尼迪心中自己是排第一位的。尽管肯尼迪朝三暮四,她还是深爱着他,相信他也深爱着自己。

杰奎琳拒绝当怨妇,她决定与肯尼迪好好过下去,这是极其勇敢的选择。如果杰奎琳是个懦弱的女人,她早就不会这么做了。虽然这段婚姻看上去不甚完美,但他们二人在许多不同的方面都配合默契。无论是杰奎琳还是肯尼迪,都从未认真考虑过与对方分手。他们在一起,共同体会生命真正的乐趣。虽然肯尼迪的不忠时有发生,但杰奎琳始终都爱着他,当然,他也同样深爱杰奎琳。

也许有些人会认为,维系杰奎琳婚姻的并不是她的勇气。今天,许多女子,尤其是那些经济独立的女性,都不大会忍受这样一种婚姻模式。然而杰奎琳相信肯尼迪本质不坏,她始终希望他能悔改。"希望"这种东西,说来很复杂,它其实是一种勇

气——坚信事情一定会改观、错的终究会变成对的。放弃不是杰奎琳的风格，在她看来，那是懦夫的行为。

从肯尼迪就任总统伊始，杰奎琳的强大意志力就可见一斑。作为新一任的第一夫人，她决定突出自己的角色，不在乎别人会怎样批评她。她性格刚毅，什么时候该面对媒体、接受访问，从来都是她自己决定的，而不是她的智囊团。她也拒绝把孩子暴露在媒体面前，供他们挖掘隐私。她敢于接手那些浩瀚宏大的工程，比如修复整个白宫。别人也许避之不及，而她却从不畏惧。

在 1962 年秋的那场古巴导弹危机中，杰奎琳表现出的勇气尤其值得嘉奖。面对苏联的核武器威胁，肯尼迪靠着强硬的目光吓倒了对手。许多历史学家认为，那是肯尼迪政府最辉煌的时期。同样的，那也是杰奎琳经受住严峻考验的时期。

在此期间，杰奎琳一直以一种超然的冷静履行着第一夫人的职责。她知道此刻丈夫背负的是怎样沉重的责任，所以私下里，她总是想方设法帮他减轻精神压力，比如谈谈孩子们在干什么事情，别的家庭最近有什么新爱好，以及诸如此类的轻松话题。有一次，肯尼迪让杰奎琳最好带着孩子们离开华盛顿，去一处秘密的地下防空洞避难，但被杰奎琳坚决拒绝了。她不肯把肯尼迪一个人留在华盛顿，她要和孩子们一起陪着他。

为期 13 天的古巴导弹危机终于结束了。肯尼迪总统为他的首席顾问们每人颁发了一座银质纪念日历，其中 10 月份那紧张的 13 天，也就是危机持续期，制作得格外醒目，以此嘉奖他们在这段特殊时期里所表现出的巨大能量和过人勇气。同样的银质日历，总统也为杰奎琳颁发了一份。

颇有讽刺意味的是，直到肯尼迪生命中最后的几个月，杰奎琳一直期待的奇迹才发生——肯尼迪真的变了。1963 年 8 月 7 日，他们的小儿子帕特里克出生后仅仅不到 40 个小时就夭折了。听到这个消息，肯尼迪深藏于内心的情感终于爆发了。他第一次当着身边好友的面啜泣不止，此前从未有人见到过这样的肯尼迪。更令大家惊讶的是，他与杰奎琳的婚姻似乎又充满了柔情蜜意。肯尼迪在公开场合拥抱妻子，把一些非紧要的工作丢到一边，尽可能省下时间来陪伴妻子和孩子们。

## 全世界静默的一天

就在李·哈维·奥斯瓦尔德枪杀肯尼迪的那一天，杰奎琳·肯尼迪的生活永远被改变了。全世界都不会忘记她为肯尼迪举行葬礼时表现出的莫大勇气。当时，整个美国都被巨大的恐惧笼罩着。有史以来第一次，不仅总统在众目睽睽之下被暗杀，两天后，就连警方认定的凶手都在数百万电视观众的眼前被无情地枪杀。美国民众情绪激动，各种版本的总统遇刺"阴谋论"在坊间肆意流传。肯尼迪被宣布死亡后98分钟，副总统林登·约翰逊立刻宣誓继任美国第36届总统。同时，他也很可能就是下一个被暗杀的目标。

尽管局势异常危险，但杰奎琳还是作出决定：她要跟在丈夫的灵柩后面，徒步走完葬礼全程，这也打破了妻子乘汽车尾随丈夫灵柩的美国传统。这个决定让白宫安全部感到非常困扰，要知道，暗杀者的下一枚子弹随时都可能射出。杰奎琳的小叔子波比·肯尼迪和泰迪·肯尼迪保护在她的两侧，随她一起从白宫穿过8个街区，走到圣玛窦大教堂。刚上任的约翰逊总统也不顾智囊团的反对，毅然加入到行进的队伍中。世界各国的四十多位领导人也随着这位年仅34岁的、勇敢的总统遗孀一同步行，这其中包括法国总统戴高乐将军、埃塞俄比亚皇帝海尔·塞拉西、英国王子菲利普以及苏联外长阿纳斯塔斯·伊万诺维奇·米高扬。

当杰奎琳从国会大厦的圆形大厅出发，沿着葬礼行进的路线，直到整个葬礼结束，再到那些悲伤的一天又一天、一周又一周过去，她无比的庄严与勇气始终深深撼动着人们的心。

在杰奎琳的一生当中，她从未感到过如此孤单。丈夫离她而去，她的一切都离她而去，她失去了生命的目标。与此同时，她必须尽快搬离白宫。当肯尼迪还是总统，而她是第一夫人的三年里，他们曾在那里共同经历过多少伟大的时刻，而现在，林登·约翰逊火速继任了总统，他和他的妻子也将是白宫的新主人。杰奎琳呕心沥血、精心修复的这座总统官邸,现在已不再是她的家。

　　每一天清晨,杰奎琳从睡梦中醒过来,一步步走出卧室,在孩子们面前维持哪怕是表面上的平静。然而谁都想不到,做这些事情杰奎琳需要鼓起多么大的勇气。在乔治城住过一段以后,她决定搬回纽约,回到那个她童年曾生活和热爱过、现在又能还她以清静的城市。现在肯尼迪已逝,华盛顿所能留给她的,无非是些不堪的回忆——若不是肯尼迪在此地任职总统,也不会活生生地从她身边被带走。

　　1964 年,杰奎琳在曼哈顿上东区买下了第五大道 1040 号的一所公寓。起初,她把自己关在家里,不见任何人,只想独自静默哀伤。不过她也明白,自己的首要责任是照顾好两个孩子——卡洛琳和小约翰,为了他们,她必须打起精神。渐渐地,她开始从自我封闭的状态中解脱出来,约见朋友,也约见有可能适合自己的结婚对象。后来,她找到了那个人——亚里士多德·奥纳西斯。1968 年,她再一次结婚。

## 重返职场

　　这段婚姻并不是他们二人的幸福归宿。1975 年,就在他们着手准备离婚的时候,奥纳西斯病逝了。杰奎琳再一次成了寡妇。在过了一段漫无目的的生活之后,有个朋友建议杰奎琳重新工作。可以说,杰奎琳的生活是透明的,她的一举一动都会引来无数双眼睛的密切注视。在离开职场 22 年之后重新回归,她必须仔细审慎地考虑好一切细节。1975 年秋,杰奎琳高调开始新的工作。她知道,全世界都在等着看她会不会出洋相,不过这不太可能。作为一位出色的作者和编辑,这份工作她完全能够胜任。

她的第一个任务是完成一本相当乏味、没有挑战性的书——《这些值得纪念的女性》,主要记录从 1750 年到 1815 年杰出的美国女性。这本书并没有大红大紫,不过,凭借它杰奎琳在图书行业里找到了感觉。不久,她的事业便开始风生水起。

凭借着自己的艺术修养和热情,杰奎琳找到许多艺术名流,邀请他们写下自己的故事。当纽约市立芭蕾舞团的著名舞者杰尔丝·克兰德同意贡献出自己的生平故事时,杰奎琳却惊讶地发现,这些故事里不乏吸毒、厌食症等情节,甚至还涉及纽约市立芭蕾舞团的缔造者乔治·巴兰钦为她提供一种名为安非他明的兴奋剂的事。这些情节一旦披露,一定会饱受争议,甚至可能彻底毁掉这个享誉世界的芭蕾舞团。1986 年的《出版者周刊》将这本书评论为"一本差点毁灭了美国舞蹈界的书"。杰奎琳以她的专业和胆识,勇敢地推出《在我坟上起舞》。结果,这本书大获成功,成了她职业生涯中第一部畅销作品。

## ❦ *最后的战役* ❦

　　杰奎琳自始至终都精力充沛。她曾对马术冠军查尔斯·怀特豪斯说,自己常常绕着中央公园慢跑锻炼,所以即便在马背上疾驰,她也从不觉得累。1993 年 11 月,杰奎琳意外地从马背上摔了下来。医院的检查结果显示,她腹股沟的淋巴结有一个肿瘤。为防止扩散,医生给她服用了抗生素,但是,杰奎琳仍然感到越来越虚弱。她不得已取消了许多活动,包括双日出版社举办的各种各样的编辑会议。不过表面上,她仍然像以前一样神采奕奕,满心期盼着与家人和亲密朋友马瑞斯·坦伯斯曼一起过个愉快的圣诞节。

　　圣诞节后,杰奎琳与马瑞斯一起去加勒比海巡游。就在旅途中,杰奎琳突然病倒,背部和下腹部疼痛难忍。这一次,医生在她的颈部又发现了淋巴肿瘤。随后,杰奎琳在康奈尔医学中心接受了一连串的检查,以确定肿瘤的性质。她从检查报告中得知,自己患上的是非何杰金淋巴瘤。这是一种恶性肿瘤,扩散速度极快。此时,杰奎琳冷静的性格再占上风。面对命运给她的又一次打击,她决定坚强以对。

　　杰奎琳怀着莫大的勇气,告诉朋友们她的癌症只是小问题,很快就能痊愈。她鼓励着身边的人,满怀希望地过日子,虽然这日子已经在绝症的威胁下开始一天天倒数。她强忍着

第五章　强大的内心

剧痛坚持化疗。在药物的副作用下，她的头发大把脱落，但她仍然戴着假发去上班，对大家说化疗不算很痛苦，因为护士在她的胳膊上注射药物时，她还可以偷空阅读。

杰奎琳一个人静静地、勇敢地对抗着癌症，直到她意识到，在这场战役中她永远没有胜利的机会。按照她的个性，她中断了一切治疗，回到家中。1994 年 5 月 19 日，星期四，晚10 点 15 分，杰奎琳逝世。她的儿子小约翰·肯尼迪告诉记者，母亲去世时"身旁环绕着她的朋友、家人和书籍，一切她所热爱的人和事物都陪伴着她。她是按照自己的方式、在自己选择的时间离开的"。现在，杰奎琳已经逝世多年，但她的故事仍旧是一个很好的例子，告诉我们在遭遇人生巨大的痛苦时，一定要拿出力量和勇气，紧紧抓住我们生命的核心。每一次，杰奎琳都以过人的胆识来面对考验，不管是痛失爱人，遭遇背叛，还是死神的步步逼近。杰奎琳从不自怨自艾，也从不屑扮演受害者的角色。她不会在绝望中难以自拔，相反，她会强迫自己抬起头来，看到希望。她以接受生命的态度来接受死亡——不到剧终的帷幕落下，她绝不放弃。

报纸、杂志和电视新闻长篇累幅地报道杰奎琳去世的消息，满怀深情地回忆她的生平。在这些报道中，最简洁也最动人的恐怕要数《纽约日报》的新闻标题——《想念她》。

## 杰奎琳的智慧

　　毫无疑问,勇气——这一人类灵魂中最高贵的品质,始终在杰奎琳·肯尼迪·奥纳西斯的一生中发挥主要作用。她的一生很好地证明了一件事——勇气源自于接受每一个摆在我们面前的小小挑战,我们越是经常地鼓起勇气,我们就会变得越有勇气。

　　许多人都觉得自己是勇敢的。然而,只有当我们面对危险、失败或对立局面时,我们才可能知道自己究竟勇敢与否。勇气可以是你有自己的立场,不轻易附和你的家人或朋友;勇气可以是你愿意不计代价去完成某件事;勇气也可以是你按照自己的意愿和原则生活,尽管它让你显得与周围格格不入。

　　杰奎琳告诉我们,要熬过生命中最灰暗的那些日子,鼓起勇气是至关重要的。她的勇敢让我们懂得,面对生活中的挫折时,只要保持冷静、尊严和决心,就一定能成功。

　　杰奎琳一生当中经历过许多低谷,如果换作稍稍缺乏勇气的人,可能早就会精神崩溃。虽然她饱受阴郁和绝望的折磨,尤其是在丈夫被暗杀以后的那段时期,但最终她还是站了起来,甚至比过去更强大。从她的故事里我们可以看到勇气的真谛——在巨大的痛苦中顽强屹立,绝不放弃。

　　勇气是一种无声的美德,常在不知不觉中发挥它的能量。当我们被勇气鼓舞着的时候,往往自己也意识不到。不过没关系,一朝勇毅，便永远顽强。只要敢于直面恐惧，不做懦夫，我们就会力量倍增。每个人都能变得更加坚强，只要我们相信自己一定能做到。

我们还要记得一点——勇气是可以传染的，而世界也会因此变得更美好。

# 第六章

## 专注——不达目的绝不罢休

*Jacqueline*

"她（杰奎琳）果敢、自律、目标清晰、追求完美。她有一种全神贯注的定力，不管是绘声绘色地讲述一个或真实或想象的故事，写一篇充满智慧火花的文字，还是画一些天马行空的作品，她都会十分专注。"

——尤金·奥钦克罗斯，杰奎琳的继兄

# 自己选择求学之路

杰奎琳是时代的风向标。作为一位现代派女子,她的一生即是 20 世纪后半叶美国妇女地位提升的缩影。她非常自律,内心的强大定力几乎能让她心想事成。她总是目不转睛地盯紧全局,从不分心。

当杰奎琳还是小女孩的时候,就已懂得集中精力达成目标。不管干什么,她都要比别人干得好,绝对不能接受别人胜过自己。她的母亲简妮特·布维尔就是一位典型的争强好胜之人,无疑,她把这种个性遗传给了女儿。5 岁那年,有一次杰奎琳输掉了比赛,有人拍到她怒气冲冲地牵着小马离开赛场。杰奎琳的母亲与父亲杰克·布维尔的婚姻并不幸福,而母亲偏又是个完美主义者,于是她便把这种失落转化为压力,施加到两个女儿身上。一旦女儿达不到她高高在上的标准,她就会喋喋不休地数落她们。虽然杰奎琳更喜欢她的父亲,但她跟着母亲生活,就必须要讨好她。久而久之,便形成了习惯。

19 岁那年,杰奎琳就读于瓦萨尔学院。她宣布一读完第二学年,就转去巴黎的索邦大学。这是因为在第一学年和第二学年之间的假期里,她去欧洲度假,大开眼界,认为在国外读书比在瓦萨尔学院枯燥无聊的环境里读书更加有所收获。毕竟,瓦萨尔学院的所在地波基普西只是个小小的镇子,坐车要两个小时才能到达纽约。

当时，杰奎琳的父母已经离婚。母亲改嫁给一位富有的银行家奥钦克罗斯。杰奎琳要出国留学的这个决定让父母都大感意外，尤其是宠爱她的父亲，杰奎琳非常不忍心让他难过。酗酒无度的布维尔生活状况一天不如一天，他在感情上对女儿的依赖也越来越重，很显然，他非常希望女儿留在纽约。杰奎琳的母亲简妮特则更多地担心女儿会受到自由放纵的法国风俗的影响，而与正统的奥钦克罗斯家族格格不入。她怕女儿疏远这个象征着财富与特权的大家族，更害怕女儿会离开美国一去不返。另外，简妮特和奥钦克罗斯都不想承担留学的一大笔费用。

虽然杰奎琳面对的是父母双方空前一致的反对态度，她却丝毫不灰心。在她心里，出国留学并不是异想天开，而是相当重要的一个决定。她相信，暑假去欧洲旅行并不只是游山玩水，更多的是一次学习机会。就在启程之前，她阅读了大量的历史书，苦练法语、德语和西班牙语,做好了充分准备,希望这次出游能够有所收获。她已经下定决心要重返欧洲,别人向她泼冷水也是徒劳。

为了达到目的,杰奎琳甚至威胁父母说,如果他们不同意,自己就辍学在纽约当模特。尽管不情不愿,但他们最终同意了。在当时,一个没有任何社会经验的年轻女子反抗父母,这种行为简直不能接受,但是杰奎琳决心已下,凭父母再说什么都无济于事。她一定要遵循着自己认为对的路走下去。在此后的一生当中,杰奎琳始终秉持着这种态度。

## 在最重要的事情上全神贯注

杰奎琳能够在最重要的事情上全神贯注,而对其他干扰坚决说"不"——这不是每个人都能做到,或是愿意做到的。她总是有各种理由谢绝参加那些她认为不必要的、无聊的或是浪费时间的活动——这也许是继承了父亲的特质,杰克·布维尔对乏味无聊的事情一刻都不能忍受。不过,一旦杰奎琳发现了有意思的活动,她一定会带头参加,绝不错过。

如果杰奎琳觉得某件事是非做不可的,那么即便不情愿,她也会屈从——比如丈夫的某个严肃的请求。不过,在同意之前,她会设立一些条件限制。当年肯尼迪请杰奎琳参与他的总统选举活动时,她起初是拒绝的,随后又答应。不过,她只参与某些她认为是重要的环节。后来,作为第一夫人的杰奎琳面对媒体时,也采取了同样的原则。她对媒体公关讲:"我与媒体的关系是,用最礼貌的态度,透露最少的讯息。"难道面对媒体不是她的职责吗?当然是。不过,杰奎琳再一次告诉我们:我们完全可以掌控自己的生活,决定自己的角色。

有一件事可以充分证明杰奎琳作为总统夫人的过人能力:她很少把事情委派给别人,除非是一些无关紧要的小事。不论何时,只要脑子里冒出什么想法,她都会赶快记在备忘清单上,哪怕半夜也是如此。这个习惯果然奏效,尤其在她修复白宫那 132 个房间时,更是发挥了大作用。她亲自查看了白宫储物间里的两万五千多件艺术品,然后逐一确定哪些应当保留在白宫里。

## 从不轻易说"不"

杰奎琳对国宴的精心安排,堪比一位追求完美的导演指导一场盛大的晚会表演。她计划周详,滴水不漏,从开始到结束都按照她的想法一点点实现。1961 年 7 月,杰奎琳在乔治·华盛顿旧居弗农山庄为巴基斯坦总统阿尤布·金举办的国宴,就是她在一片反对声当中坚持己见的结果。此前,出于可操作性原因,国宴从未在白宫以外的地点举办过。杰奎琳把地点选在弗农山庄,便是给宴会的安排组织工作提出了严峻挑战,其间涉及一系列复杂的后勤保障问题,其中军队保障的规模不亚于为一场大型战役所做的精心准备。

就在几个月前,杰奎琳曾与肯尼迪一起出访法国。戴高乐将军在凡尔赛宫为他们举行的欢迎晚宴给杰奎琳留下了深刻印象,那美轮美奂的场面激发了她的灵感。这一次,她选在弗农山庄举办国宴,就是想为来宾重现美国辉煌的开国历史。她向工作人员透露了自己的构想,并给他们4周时间做准备。很快,工作人员便列举出一系列看似无法解决的问题:没有电,厨房简陋,浴室设施不齐备,还有让人讨厌的蚊子。

"杰奎琳身边所有的人都认为我们没办法在弗农山庄举办国宴,她却不慌不忙,对工作人员的办事能力毫不置疑。"蒂什·鲍德里奇回忆说,"她对繁琐细节的与生俱来的控制力和高超的组织能力,全都体现在几个斩钉截铁的句子中,'我们当然可以'。"

最后,宴会的食物是在白宫做好,再用卡车运到弗农山庄的。一切所需的桌椅、桌布、瓷器、水晶,甚至还有发电机,都以同样的方法运过去。来宾乘船沿波多马克河抵达山庄,那里安排了一场大型表演,重现独立战争时期的军事演习。随后的宴会在巨大的帐篷中举行,绿色的帐篷里饰以蒂凡尼的奶黄色帐帷,显得清新而雅致。宴会之后还安排了国家交响乐团的表演,来宾感受到的是如同置身顶级剧院中的演出效果。——所有这些看似不可能完成的任务就已被杰奎琳轻松搞定了。

杰奎琳从不轻易说"不"。我们知道,她几乎无法忍受失败。面对那些想要否定她的人,她会想方设法把他们全都击退。像许多成功者一样,面对障碍时杰奎琳通常会采取两种方法——闯过去或绕过去。她从不会原路返回。

当年纽约大都会博物馆馆长詹姆斯·比德尔断然拒绝将一件银质餐桌饰品借给白宫,而杰奎琳同样寸步不让。她再一次请求比德尔,但比德尔态度坚决,根本没有可商量的余地。杰奎琳岂容他人和自己对着干?凡是她想要的,就一定会下决心得到。她耐心地静待时机,终于趁比德尔外出度假的时候拿到了这件饰品。杰奎琳大获全胜还不够,她要让比德尔意识到他犯了一个多么严重的错误。于是,度假归来的比德尔就在自己的办公桌上发现了一封写在便条上的信:"亲爱的吉米,我拿到它了……杰奎琳·肯尼迪,白宫。"

杰奎琳要求所有被新白宫收入囊中的家具都必须精确反映美国的历史。这个过程也恰好是她固执性格的最生动体现。杰奎琳看中一盏枝形水晶吊灯,它原本是白宫的物品,在西奥多·罗斯福政府时期被售出,现在悬挂在国会大厅里。杰奎琳觉得它与新白宫的房间十分相衬,于是就请白宫历史协会成员大卫·芬利出马,与国会大厦设计师乔治·斯丹华德交涉,想要回这盏吊灯。

没想到,斯丹华德一口回绝了杰奎琳的要求,并补充说:要把吊灯还给白宫,需要国会正式颁布一道法令才行。随后,他还公开置疑杰奎琳的品位:"(这吊灯)完全与白宫的历史风格不相符合。"杰奎琳几时遭受过这等待遇?自己的要求被断然拒绝不说,还在白宫适合摆放什么的问题上被对方指手画脚,这是她断然不能接受的。她采取新的战略,给副总统"亲爱的林登·约翰逊"写了足足 6 页的亲笔信,请他帮忙。约翰逊一向为杰奎琳的魅力所倾倒,这一次便欣然接受请求。他力劝斯丹华德把吊灯还给杰奎琳,可斯丹华德立场十分坚定。他对约翰逊说这绝不可能。

这是一场硬仗。凡是杰奎琳满怀热情去做的事,越是有人横加阻挠,就越能激起她不达目的不罢休的斗志。她打出了王牌,写信给斯丹华德说,这盏吊灯准备悬挂在新的接待室里,而这间房屋不久就要公开接待媒体。如果他坚持不肯把吊灯给她,她就只好向报社揭露斯丹华德是如何不肯合作的。除了直截了当地威胁,杰奎琳还补充说,吊灯只借用一天,只用于邀请媒体的当天做装点门面用。她还保证说自己会想办法让吊灯完好无损。10 天之后,杰奎琳得到了吊灯。

## 清楚地知道自己的目标

在肯尼迪命断达拉斯后的一连串后续事件中,杰奎琳都表现出惊人的忍耐力。约翰·肯尼迪心目中最大的英雄温斯顿·丘吉尔有一句名言,非常契合此时杰奎琳的态度:"如果你正经历着穿越地狱般的痛苦,那就向前走,不要停。"在巨

第六章 专注

大的伤痛和深切的悲哀之中,杰奎琳硬是详查了许多历史资料,彻底了解各国著名领导人的葬礼细节。利用这些信息,她精心安排了总统最后的告别仪式,力求每一个细节都忠实反映出丈夫的伟大。

是杰奎琳,要求灵柩后面紧跟一匹没有骑手的马——这曾是亚伯拉罕·林肯的葬礼上令人永难忘怀的一幕;是杰奎琳,让动人的爱尔兰风笛声始终萦绕着整个葬礼,这是肯尼迪生前最喜欢的音乐;也是杰奎琳,提议肯尼迪总统安葬在阿灵顿国家公墓中,并在他的墓碑旁燃起长明之火;还是杰奎琳,亲自选择简朴的雏菊、白菊和非洲茉莉作为葬礼那天摆放在祭坛上的鲜花。也是在杰奎琳的精心策划之下,3 岁的小约翰在灵柩经过面前时庄严地向父亲敬礼。

尽管杰奎琳早已痛不欲生,但还是坚持着为小约翰的 3 岁生日办了派对。那是她与肯尼迪早就计划好的,日子恰好与葬礼在同一天。

就在这些事情刚刚结束之后,杰奎琳又一反常态地邀请作家和记者进行采访——她要为将来的历史书如何评价肯尼迪政府早早定下基调。从此之后,杰奎琳生命中的每一天都有了新的目标:她要让丈夫的总统生涯永葆辉煌。

1964 年初,杰奎琳得知有几本关于遇刺事件的书已经在筹备当中。她试图阻止,但没有成功。为了保持肯尼迪的光辉形象,她决定亲自选择一位作者,写出一本让她喜欢的书来。

在否定了包括西奥多·怀特在内的两位作者后，她最终选定了威廉·曼彻斯特，他曾写过一本颂扬肯尼迪的书。曼彻斯特相信，自己被选中是因为"她认为我是个好操控的人"。在那本关于肯尼迪的书出版之前，他曾专程把书样送给肯尼迪过目。

曼彻斯特签署了一份协议，同意由肯尼迪家族最后决定样稿内容——后来的事实证明，这个决定是错误的。从1964年4月开始的几个月间，杰奎琳每天都用几个小时接受曼彻斯特的录音采访。她显然还没有从遇刺事件的冲击中走出来，不由自主地说了许多她与总统之间的私人秘密，这让她后来追悔莫及。作品大致完成后，曼彻斯特遵照协议，将长达1201页的手稿交给杰奎琳和小叔子罗伯特·肯尼迪过目。他们对初稿提出无数的修改意见，其中大部分意见曼彻斯特都接受了，但有一些他却拒绝修改。

尽管曼彻斯特的书整体上没什么问题，但杰奎琳还是对其中某些章节无法接受。在她看来，那是对她和两个孩子隐私的严重曝光。所以，当杰奎琳得知曼彻斯特已经将此书的连载权以65万美元的价格卖给《生活》杂志——历史上最畅销的杂志时，她一下子就被激怒了。在杰奎琳的预想中，这本书应该被当做历史文献，摆在图书馆的书架上，供学者、学生和研究人员们翻阅的。她从未想过让书中任何一部分发表在全国最流行的杂志上。杰奎琳同曼彻斯特和《生活》杂志交涉过多次，都没能取得效果。

这件事让杰奎琳备受痛苦和失望的折磨,但她始终坚持着。终于,她作出一个让人震惊的决定:杰奎琳将 Harper & Row 出版社、《生活》杂志和威廉·曼彻斯特一起告上法庭,以求阻止《总统之死》一书的出版。

只用了几周时间,案子就结束了:杰奎琳提出的大部分修改意见都得到了维护。可是,对她的诽谤却登上了各大报纸的头版头条。传记作家莎拉·布拉福德说:"在杰奎琳看来,面对曼彻斯特的泄密行为,她应当勇敢地捍卫自己的权利,而在美国公众看来,这是一个傲慢自负的名人在滥用她的影响力,并企图扼杀他们一向珍视的言论自由权。"

## 专注于打动人的细节

杰奎琳的一生让我们懂得,专注于哪怕平常生活中最琐碎的小事是多么重要。众所周知,杰奎琳喜欢写一些用词妥帖、字斟句酌的感谢信,并且绝对会在 24 小时之内把它们写好。她的信字迹娟秀,句子温暖而迷人,充满了强烈的杰奎琳风格,从不会太过严肃或流于公式化。写信是杰奎琳少有的可以自然流露感情的途径,利用这样的机会,她不仅可以表达谢意,更能传达她对对方的感觉。

杰奎琳写给尼克松总统和夫人的信就是一个生动的例子。那是 1971 年 2 月 3 日,她受邀带着小约翰和卡洛琳去白宫，参观刚刚完成的约翰·肯尼迪与自己的画像。这是1963年以后，杰奎琳第一次返回白宫，不用说，她怕回到这里。尼克松夫妇想方设法，尽量让她和孩子们觉得舒服。当天，他们谢绝一切媒体采访，让晚餐在安静、私密的氛围下进行。

随后，杰奎琳用深蓝色钢笔在浅蓝色信笺上写下了这样的信：

亲爱的总统先生
亲爱的尼克松夫人：

感谢你们昨天的盛情。我从未见过如你们这般高贵温柔的人。

你们能否想象出，你们所赠予我的是怎样珍贵的礼物？以私人身份重访白宫，趁着我的两个孩子还未长大，带他们重访童年故地——有你们做向导，还有你们的女儿作陪——她们是多么出色的姑娘啊。能在万众瞩目之下，把她们培养得如此出类拔萃，这是多么值得钦佩的事。如果我对卡洛琳的教育能做到你们的一半，我就知足了。看到卡洛琳以她们为榜样，小约翰也被她们迷住，这真是太好了。

你们的招待实在太过隆重，让我们受宠若惊：捷星航空公司的机票，我们的旅程安排，还有完美的晚宴。谢谢您，总统先生，为我们开了您珍藏的波尔多葡萄酒。

白宫现在看起来棒极了，完美无瑕。每一个角落都美得无可挑剔。尤其是当我们离开时,看到白宫在灯火和喷泉的映衬下雄伟堂皇,那景象极其动人。

你们将画像郑重悬挂,是赐予了它们无上的荣光——这荣光原是它们不配拥有的。这两幅画像本不应这样劳烦你们。你们的慷慨宽厚,让我们每个人都深深感动,心存感激。

在回家的路上,我的两个孩子一直在叽叽喳喳地回忆与你们共度的时光,这让我非常开心。

在小约翰入睡之前,我拿出约翰与他的合影,对他讲:"你和爸爸所在的这间屋子,就是刚才总统先生向你展示国玺的地方;还有那条小路,就是总统先生送我们上车的路。"

因为你们的仁慈,小约翰头脑里那些如影般缥缈的记忆变得鲜活起来。

这本是我最害怕面对的一天,现在却变成了我与孩子们度过的最宝贵的一天。全心全意地感谢你们。

愿上帝保佑你们一家。

祝福你们。

杰奎琳


这封信落款在 2 月 4 日,正符合杰奎琳的风格:在访问过后的一天之内写出感谢信。

就算在杰奎琳生命中最绝望的低谷,这一习惯也仍旧不变。就在她的丈夫下葬后第二天,她就挤出时间写了一封长长的感谢信给林登·约翰逊总统,感谢他不顾生命危险跟在肯尼迪的灵柩之后步行,也感谢这么多年来他所给予的无私友谊。她甚至还为对卡洛琳所在的白宫幼儿园举行户外活动造成的干扰表示了歉意,并保证活动很快就会结束。

　　写感谢信时,收信人的地位和权重从来都不会对杰奎琳有所影响。波道夫·古德曼商场是纽约市最高档的商场之一,杰奎琳常在那里购物。那里的服务生们到现在还珍藏着杰奎琳寄给他们的感谢信。

## 惊人的自律

　　纵观杰奎琳的一生,她的自律始终让人惊叹。尤其在她对体形的保持上,这一点更是体现得淋漓尽致。这可能遗传自她英俊的父亲杰克·布维尔,在每天不间断的练习之下,他那肌肉发达的身材始终保持得非常好。杰奎琳保持苗条的办法之一就是练瑜伽。这是1962年她出访印度时,印度总理尼赫鲁向她推荐的。黛尔·库德曾在 20 世纪 80 年代初与杰奎琳一起上过 3 年瑜伽课，她回忆说："杰奎琳给我的印象很深，她对所做的每一件事都极其认真，包括练习瑜伽在内。所以，她比我练得好我一点儿都不惊讶。"

蒂莉·威兹纳一直是杰奎琳的瑜伽教练，杰奎琳就像个优等生那样自律，这给她留下了极为深刻的印象。"她是个非常出色的学生，因为她做事总是百分之百集中精力……我教杰奎琳瑜伽 17 年，直到她逝世前一个月。她总是全神贯注于我们要做的动作。经过这么多年的练习，她身体的柔韧性已经非常好了。"

与威兹纳的其他学生不同，杰奎琳很少在瑜伽课上接电话。"我只记得她有两种例外情况，"威兹纳回忆说，"一种是她的朋友马瑞斯·坦伯斯曼打来的，还有一次是迈克尔·杰克逊一定要和她通话。"

杰奎琳也十分注意控制饮食。她的朋友兼社交秘书蒂什·鲍德里奇说："她用珠宝商给钻石称重的精致天平来称食物。"如果某一天她觉得自己吃得太多，那么第二天她就只喝水、吃水果。这种节食减肥法听起来非常残酷，但对杰奎琳却很奏效。终其一生，她都吃得非常少，这成了她严格遵守的规矩。杰奎琳在出版社工作时的一位同事还记得他们一起在办公室吃午餐的情景："她津津有味地大嚼芹菜和萝卜，这是她用锡箔纸包好，从家带到办公室来的。"

116

## 杰奎琳的智慧

想想看,我们浪费了多少时间在那些我们根本不在乎的事情上,就因为别人说这很重要?杰奎琳的经历告诉我们,想要做成一件事,就要学会全神贯注,并且对其他事情说"不"。

高度自律,让注意力像激光光束一般集中于关键事物,杰奎琳因为拥有这些品质而取得了极好的声誉。她最伟大的一些成就都得益于这些特质。杰奎琳·肯尼迪·奥纳西斯的大部分时间都用来做那些她认为真正重要的事情,对于不想做的,她就干脆拒绝掉,没有半点负疚感。她的脑中有明晰的概念,什么事情应当优先,因为杰奎琳知道自己是谁,自己要做什么。

我们身处在一个忙乱的世界中,每时每刻都有各种信息对我们狂轰滥炸,让人无暇应接。于是,目标明确就成了很难办到的事。我们只是普通人,轻而易举就能为自己找到一千零一个分心的理由。不过,我们若是真正想要做些什么,就一定要自私一点。杰奎琳的例子让我们明白,我们要为自己设立标准和目标,并坚持下去。这也许就意味着,我们要拒绝一些别人坚持要我们做的事,诸如结束一通没完没了的电话粥这样简单的事也包括在内。我们完全没必要为了做个好好先生,就把别人的需求放在自己的需求之前。有些人终其一生想方设法想要证明自己有用,还有些人不必证明,他们本来就有用。

专注的结果自然而然就是要将事情进行到底。如果杰奎琳说她要做什么事,她就一定会做。想想看,有多少次我们答应帮朋友一个小忙,最终却没有做到? 我们要做负责任的人,就一定要说到做到,言出必行。

无论何时,只要杰奎琳想做什么事,不管是修复白宫,为卡洛琳建幼儿园,还是编辑一本书,她都不会允许其他人或其他事打断她手头上的重要工作。杰奎琳生性乐观,坚信不管干什么,只要全心投入就一定可以成功。我们也要学习她的乐观,敞开心怀,不错过任何成功的机会。一旦我们的头脑里有负面思想,认为某些事一定做不到,那就会把注意力完全集中在问题本身上,从而错过近在眼前的解决方法。杰奎琳的故事让我们明白,如果我们抱着必胜的心态去做事,就一定可以成功。

# 第七章

## 求知——对大千世界的好奇心

*Jacqueline*

"知识不是偶然得来的，靠的是近乎狂热的探索和孜孜不倦的研究。"

——艾比盖尔·亚当斯,美国总统夫人

杰奎琳一生对学习的热爱为她的成功奠定了坚实基础。在学习中,杰奎琳的自信心一点点累积起来,未来的发展方向也逐渐明朗。儿时的杰奎琳是个好奇的小女孩,什么都喜欢学。在晴朗的夏天,她喜欢和慈祥的祖母待在她的庄园里。庄园位于东汉普敦的长岛,距纽约市两个小时路程,在祖母的精心照料下,这里曾获得过许多园艺奖。在这里,小杰奎琳想知道每一朵花和每一株植物的名字,以及它们的生长方式。终其一生,杰奎琳都通过各种途径汲取知识,包括在一流学校里接受正规教育、大量的阅读和旅行,以及对这个世界始终保持的好奇心。

对于小孩子,尤其像杰奎琳和她的妹妹李这样成长于非正常家庭环境里的小孩子来说,来自祖父母的影响往往是巨大的,因为他们会花很多时间陪在孩子们身边。当父母的婚姻矛盾越来越尖锐时,杰奎琳自然而然地转投祖父母的怀抱,寻求安定和鼓励。祖父母家的夏屋宽敞而舒适,还有一个好听的名字叫"拉萨塔",在印第安语里的意思是"和平之地"。这里的确是适合杰奎琳生活的地方。

## 终生保持学习的热情

杰奎琳的祖父小约翰·弗农·布维尔("杰克爷爷")毕业于哥伦比亚大学法律学院,是纽约非常优秀的律师,同时也是诗歌的狂热爱好者。他把这种热情传递给了他最疼爱的孙女杰奎琳。他经常为他的 10 个孙子女作诗，星期天一起用过午餐后，他就为孩子们大声朗诵这些诗。反过来，孩子们为祖父作诗，也会得到祖父的奖励。杰奎琳的妹妹李回忆说："祖父十分喜欢杰奎琳，我想是因为他感觉到了杰奎琳的潜质，她在文学方面的确颇有天赋。他们在一起时非常融洽，分开后常有书信往来。我不知道杰奎琳对诗歌的兴趣是否来自于祖父，但她确实从很小的时候就热爱诗歌。杰奎琳给了祖父很多快乐，那是相互的。看着他们在一起是件很快乐的事。我想，如果当年杰奎琳与祖父和父亲的关系不是那样亲密，今天她就不会拥有这样的力量、自信和个性，因为我们生长在一个非正常家庭里……"

祖父与孩子们分享的不仅有他对诗歌的热忱，更有对戏剧以及各种形式的文学作品的兴趣。杰奎琳的表兄约翰·H·

戴维斯还记得祖父"在那些电视出现前的日子里如何为他们大声朗读从麦考利到莎士比亚的文学作品,这些都是他一行行细心研读过的。他还告诉我们要读就读最伟大的作品"。

## 第一夫人所受的教育

不幸的是,杰克爷爷那风流倜傥的儿子,杰奎琳最亲爱的父亲杰克·布维尔却并没有其父亲那般造诣。由于母亲的溺爱,布维尔对除文学以外的任何事都有兴趣——从酗酒到女人再到赌博。他甚至因为赌博而被菲利普·斯埃克塞特中学除名。对他来说,文化和文学研究无聊透顶,他在耶鲁大学的成绩也并不突出。不过,他倒十分钟爱自己的两个女儿。尤其当他意识到杰奎琳身上有非凡的天赋时,就鼓励她一步步向前走。

杰奎琳的母亲简妮特·李·布维尔非常聪明。她进过所有的新教学校——纽约的史派西小姐学校、弗吉尼亚的斯威特·布莱尔学院学习过一年、纽约巴纳德学院也读过一年——但从未获得过某个学校的学位。比起学术研究来,也许她更关注的是找一个被社会公认为优秀的丈夫。她十分明白教育的价值,所以尽心尽力地督促两个女儿的功课,也积极发展她们的艺术特长,比如画画。在假期里,她还坚持要女儿们每天背一首诗。

简妮特的父母詹姆斯·李和玛格莉特·李从杰奎琳儿时起就与她十分疏远,他们对杰奎琳的教育没有太多关心。不过,被祖父对文学的热爱影响着,又受到父亲的夸赞和母亲的尽心督促,再加上自身的天赋,杰奎琳在文学上注定会有所成就。

杰奎琳真正的学习开始于5岁——她上学的前一年,那年她学会了阅读。她记忆力非凡,比起其他孩子来读书要容易许多。她读的也不是那些普通的经典儿童读物,诸如《我的宝贝》和《双胞胎波比西》之类,而是一些英雄人物的传说——侠盗罗宾汉的故事和拜伦的诗歌。母亲简妮特回忆说,杰奎琳甚至开始接触一些成年人读的书籍,如契诃夫和萧伯纳的作品。

杰奎琳6岁时,简妮特发现她正捧着一本《契诃夫短篇小说选》读得津津有味。契诃夫的小说大多情节复杂,而且主人公的名字都是长长的俄罗斯人名。"你看得懂所有的字吗?"母亲问。"看得懂。"她答道,"除了一个词——助产士。"简妮特接着又问:"你不介意那些长长的人名吗?""不啊,为什么要介意?"

读艺术历史方面的巨著对杰奎琳非常重要,这可以增加她从绘画中感受到的乐趣。著名历史学家小阿瑟·M·施莱辛格说:"出于对艺术的热爱,杰奎琳·肯尼迪对历史也怀有极大的热情。她喜欢弄明白事情是怎样开始以及如何发展的。

她良好的现代感是以对历史的好奇心为基础建立起来的。"杰奎琳早期对历史——尤其对法国历史产生兴趣，绝对要归功于祖父小约翰·弗农·布维尔。他把虚构的布维尔家族的历史讲给杰奎琳听，在故事中他们的祖先被描述成有封号的贵族和法国议会的成员。虽然多年以后，杰奎琳发现故事中的很多内容都不是真的，不过祖父生动的叙述还是激起她对历史长达一生的热爱，也让她在吸取历史经验的同时获益良多。

经过多年的求索，杰奎琳掌握了丰富的艺术和历史知识，这为她日后以精准的历史感还原白宫打下了基础。许多年后，杰奎琳又以自己的影响，为纽约市保留了一批标志性历史建筑，如中央火车站和圣巴塞缪斯大教堂的社区之家。这同样得益于她的历史知识。

1935 年，杰奎琳进入查平学校。这是一所专为年轻女子开设的贵族学校，三百多个来自上流社会的女孩子在此就读。这所学校于 1901 年由玛莉亚·博文·查平创立，它的校训是每一位年轻女子都应"背负起自己的责任，让世界更加美好"。杰奎琳始终牢牢记得这句话。在查平学校，杰奎琳养成一个习惯，凡是能弄到手的书，她都会去读。在阅读中，杰奎琳除了能感受到快乐，还能逃避父母婚姻破裂带给她的痛苦。

在查平学校，杰奎琳被公认为最聪明的学生，也是最喜欢搞恶作剧的孩子。母亲简妮特觉得，杰奎琳的智力水平已经远远超过她的实际年龄。"在查平学校,她最大的问题就是无聊。她完成作业比其他小孩都早,因为没事可做,就想办法捣乱。她喜欢出新,又吹毛求疵,还喜欢到处炫耀——老师看到她没有不头痛的。"简妮特回忆说。从小到大,杰奎琳总是不知疲倦,除非她实在找不到什么感兴趣的事情可做。

因为捣乱,杰奎琳常常会被校长斯特琳费洛小姐叫到办公室去。母亲简妮特得知后问她校长在办公室里说些什么,杰奎琳回答:"……斯特琳费洛小姐说了很多——不过我都没听。"

杰奎琳内心的闪光点被这位开明的校长看在眼里,她绞尽脑汁想要驯服她,发掘出她的能力。终于,她找到了让杰奎琳听话的方法。得知杰奎琳喜欢马,斯特琳费洛小姐就把她比作一匹强壮、速度极快但没有受过良好训练的纯种马。和赛马比起来,这种马根本一无是处。

"你可以跑得飞快,你有足够的耐力。你身材好,又有头脑。但是,如果你得不到开发和训练,你就什么都不是。"理解了校长的比喻后,杰奎琳果然有了积极响应,不再叛逆。后来,杰奎琳回忆起斯特琳费洛小姐时说:"她是第一个对我影响至深的人。"

斯特琳费洛小姐曾对简妮特说:"我本不应该留下杰奎琳——但是她有着强烈的求知欲,这正是我们建校35年来一直强调的。"

杰奎琳的业余时间全部被芭蕾课、交际舞课和骑术训练所占据。简妮特时刻注意观察女儿们的体态举止是否合乎规范，其他方面的礼仪她也会在餐桌上对女儿们加以指导。简妮特一心想要提高杰奎琳和李的法语水平，所以她命令女儿们吃饭时只能用法语交谈。她们想要盐，就必须说出法语中对应的那个词，简妮特才会把盐递过去。她还设计了一个游戏，用来提高孩子们的法语流利程度：吃饭前，每个孩子拿 10 根火柴，谁说一个英语单词就交出一根火柴给对方。用餐结束后，谁获得的火柴最多，谁就获胜。

　　1943 年，15 岁的杰奎琳想要与母亲保持一点距离，于是选择去位于康乃狄格州法明顿市的波特小姐寄宿学校上学。法明顿是东北部六州中风景最美的小城，也许杰奎琳需要的正是这样的空间，好让她远离个性强硬的母亲。简妮特总是提醒女儿不要显露才华，不然会把男人吓跑。可是，如果才华真的会妨碍女儿，父母又为什么要告诉女儿努力学习的重要性呢？杰奎琳始终无法接受简妮特的这番"忠告"，而短期内她也无法隐藏自己对求知的渴望。

　　波特小姐学校始建于 1843 年，不过，直到杰奎琳入学时它都没有太大的变化。100 年过去了，它仍然是一所"女子精修学校"。年轻女孩们的学习生涯就在那里结束，毕业以后，她们很少再进入大学学习。学校招收的学生大多来自富裕家庭，他们希望自家女儿能在这所专门培养淑媛的学校里有所收获,拥有良好的教养和优雅的举止。学校看重好的仪态,强调在合适的时间行屈膝礼仍是一种礼貌行为,所以,学校的校规制定得极其严格:不准抽烟,不准酗酒,不准打牌,限制男同学来访,甚至在课余时间,都不准阅读自己喜欢的书。浪漫小说在这里是被明令禁止的。

学校倡导学生们要有胆识和进取之心。当危机到来时,要迎头面对,靠自己的力量去化解危机,而不是转求他人帮助。南茜·塔克曼也曾接受过同样的校训。她是杰奎琳在查平学校时期的朋友,后来也转去波特小姐学校,她们还曾同住一间屋子。塔克曼还记得,晚上自修时间结束后,她的同学们都喜欢参与社交活动。杰奎琳却不同,她很少加入大家,更愿意独自待在屋子里阅读、写诗或画画。虽然她在同学们当中很受欢迎,但本质上,她是个孤独的人。波特小姐学校校长沃德·约翰逊将杰奎琳评价为“最出众的女孩”,不单指她考试得高分,更是指她在艺术和历史方面的修养。莉莉·普利策是杰奎琳当年的同学,现在她成了一名时装设计师。在她眼中,杰奎琳聪慧过人,她“就算不学习的时候,手里也永远拿着几本书。她对书的兴趣似乎比和男孩子约会要大得多,这一点让我印象深刻”。杰奎琳看上去比那些想约她的年轻男孩们成熟得多。她总是叫父亲送她上学,以免那些男孩子在路上对她纠缠不休。杰奎琳故意把她的社交生活放在一边,把心思全用在功课、诗歌、艺术、阅读和其他运动上。

波特小姐学校允许学生们养马,许多学生都把自己的马带了过来。杰奎琳也很想把她的母马"舞者"带来,就去请示母亲简妮特。可是养马每个月要多花费 25 美元,简妮特认为这太奢侈了,不肯同意。杰奎琳只好写信向祖父求助,想请他帮自己支付这笔养马费用。祖父当然无法拒绝她的小要求,同意出钱给她。当然杰奎琳也很聪明,她把自己最新写的诗附在信中,请祖父点评,让他感觉到自己在学习上有了不少收获。这样一来,祖父毫无疑问地欣然同意了。

在祖父的影响下,杰奎琳在学校里始终是优等生。她还参加了戏剧和骑马俱乐部,同时还为校报写诗、画漫画。1947年 6 月,18 岁的杰奎琳以接近班级第一的成绩从波特小姐学校毕业。她赢得了当年的玛莉亚·迈克金尼纪念奖学金。这是为文学成绩优异的学生专门设立的奖学金,而文学和艺术同为杰奎琳最喜欢的课程。

"她的智慧超越了她自己。"诺林·德雷克塞尔回忆说。她住在新港,是奥钦克罗斯家的邻居。"她给小孩子们写故事,然后读给邻居家的孩子们听。你知道她一定会是个好老师,也许还会成为著名的作家。"

杰奎琳认为大学教育非常重要,在这一点上她不同意母亲简妮特的观点。她向瓦萨尔学院递交了入学申请,几乎立刻就被录取了。瓦萨尔学院成立于 1861 年,是女子教育的先锋。这是一所高标准的寄宿学校,偏重艺术,校风开明。1947

年杰奎琳进校时,它还是一所"全女子"学校。从1969年开始招收男学生起,它才变成了一所男女混合型学校。

杰奎琳选择这所学校的原因不难理解:她是一个独立的思考者,喜欢独自寻求答案,而瓦萨尔的学生正是以"独特"著称,她们思想独立,喜欢"溯本求源"。瓦萨尔的校训当中有一条,说艺术应当"作为重要的带动力量,大胆地站在教育之首"。这句话深深地激励着杰奎琳,使她终生都对艺术保持着热情。瓦萨尔学院始终秉持着"以艺术为首"的办学理念,它是国内大学中首家拥有艺术博物馆的学校。

杰奎琳是优秀学生名单上的常客,就连那几门被公认为极其艰涩的课程——宗教史和莎士比亚文学,她也门门得A。她被《安东尼与克莉奥佩特拉》当中那诗一般的语言深深打动,甚至可以流利地背诵出其中大段大段的台词。显然,祖父高声朗读莎士比亚名著的那些夜晚,给杰奎琳留下了永难磨灭的印象。

杰奎琳一生相信文字的力量。正如她所写的:"只要你能表达,你就可以告诉整个世界你想要的是什么……发生在这个世界上的所有改变,好的也罢坏的也罢,都来自于文字。"

## 读万卷书,走万里路

像许多大学生一样,杰奎琳也有去国外留学的念头,但瓦萨尔学院没有给学生提供出国学习的项目。一个偶然的机会,她在报纸广告栏中发现史密斯学院提供去巴黎索邦大学留学的计划。于是,在得到瓦萨尔学院院长的允许后,杰奎琳凭借着自己优异的成绩,去申请史密斯学院的留学机会。顺利地通过法语考试,并完成了一篇散文之后,杰奎琳被史密斯学院接收了。

索邦大学始建于 1253 年,当时是为了义务培养神学学生。它"享有崇高的国际声誉,是欧洲最重要的大学之一"。索邦大学为外国留学生开设了法国历史和文学专业,这对杰奎琳有着特别强烈的吸引力。不过,有一个事实一定会令杰奎琳感到惊讶:早在几个世纪前,这所云集了世界著名教授的顶尖学府,竟然含糊地支持英国对圣女贞德的审判。

索邦大学为美国留学生专门准备了住宿的房间,不过杰奎琳更愿意借宿在法国本地的普通家庭里,这样可以更快地融入法国生活。在这个离家十万八千里的异乡,远离了奥钦克罗斯庄园的舒适生活,杰奎琳终于见识到一个完全不同的世界。就在 4 年前,这座古老的城市刚从纳粹的铁蹄下解放,虽然人们的身上焕发出勃勃生机,但复苏的道路却依然艰难。这里的日常生活设施还十分紧缺,热水和燃料供不应求。人们每天用简单的汤和炖菜充饥。杰奎琳借宿在一个落魄的贵族家庭里,每周只能洗一次冷水澡。

1949 年秋,杰奎琳正式开始学习法国历史和文学——两门全法语教授的课程。她还修了一门摄影课。若干年后当她申请《华盛顿时代先驱报》摄影记者的工作时，这门课程无疑帮了她的大忙。"我是一名摄影师，在索邦大学学习时，我用的是莱卡相机。"这是1952年杰奎琳对面试官所作的自我介绍。除在索邦大学的课程以外，她还修了巴黎政治学院的外交史和卢浮宫学院的艺术概论。

在这座她终生热爱的城市里，杰奎琳找到了许多乐趣。也许是因为她的根在法国，虽然祖辈早早地离开了这里，但她还是真切地找到了家的感觉。她埋首研究这里的社会、风俗和文化，也不忘和年轻英俊的法国男人约会，随他们一起参加各种各样的社交舞会和派对，流连于咖啡馆和俱乐部。为了丰富艺术知识，杰奎琳还常常去参观博物馆，看芭蕾、听歌剧、看电影。每逢周末或假期，她都会去一个陌生之地旅行，体味法兰西的不同风采。当然，除了享受巴黎式的生活以外，杰奎琳从未有一刻放松她在索邦的学业。

在巴黎，杰奎琳渐渐成熟，她终于把母亲的那句忠告丢到一边：男人只在乎女人的美貌，从不在意她们的头脑。"我试着不再羞愧于自己对知识的饥渴，这曾是我一度不想被别人发现的。"杰奎琳回忆起她的留学生涯时说。当那短短的一年即将结束时，她就愈加努力。终于，她以优异的成绩得到了索邦大学的奖学金。"那是我一生中最努力的一段日子。"杰奎琳回忆说。

# 纯熟的外语

从法国一回到美国，杰奎琳就决定不再回瓦萨尔学院读书，而是转去乔治·华盛顿大学，主修法国文学，辅修艺术。1951年，她获得了学士学位。法国的生活让她的法语日臻完美，也让她的西班牙语和意大利语逐渐纯熟。艾德娜·哈里森是杰奎琳在瓦萨尔学院的室友，她们曾经一起学习西班牙语。她记得杰奎琳学得非常好："她是全班最出色的，所有的功课都得A。她还准备指导我的功课，后来却离开了。"

几年之后，杰奎琳作为一名政治家（就个人角度而言，应当说是魅力非凡的国家领导人）的妻子，她纯熟的外语便成了最有力的武器，在其他种族、尤其是将英语作为第二语言的种族当中，为丈夫的总统竞选争取到大量选票。1958年，在丈夫的参议院选举期间，杰奎琳现身波士顿北部的米开朗基罗学校，在800人面前用流利的意大利语作现场演讲。"杰奎琳上台之前，没有人知道她是谁，尤其是那些意大利人和一些老人。"威廉·德·马克回忆说。他长年担任民主党的地区领导人，杰奎琳演讲当天他就在现场。

"可是，当她开口，用意大利语作自我介绍，我得说，是地道的意大利语，说她是参议员肯尼迪的妻子时，观众们都沸腾了。所有的人都走上前去，亲吻她，老婆婆们把她当做波士顿北部的本地人,同她亲热地聊天。她的演讲成功地将肯尼迪参议员同这一区的美籍意大利人紧紧地联结在一起。"

1959年10月,肯尼迪和杰奎琳还曾一同出现在路易斯安那州的拉斐特市,参加在那里举办的国际稻米节。这一次,杰奎琳演讲的听众大约有10万人,且大多是以法语为母语的法国后裔。杰奎琳用她柔和的声音说:"Bonjour, mes amis. (朋友们,你们好。)"掌声和尖叫声瞬时震耳欲聋。这让当时参与竞选活动的工作人员爱德蒙德·雷吉永远难忘。

雷吉回忆说:"杰奎琳用法语向人群讲话,说她非常高兴来到路易斯安那。小的时候,她的父亲曾告诉她,路易斯安那就像从法国雕下的一角……她对法国满怀热爱之情,因为她自己就是半个法国人……现在她高兴地看到,父亲告诉她的千真万确,这里真是从美丽的法国分出的一部分。"

据《棕榈滩邮报》的记者玛莉琳·穆雷·威尔森说,杰奎琳流利的外语让她成了大众偶像,激励了20世纪60年代出生的整整一代人,尤其对女性和天主教徒的影响更是深刻。"我去过加州一个小镇上的天主教

女子高中，那里每间教室都悬挂着肯尼迪总统和夫人的照片。修女们毫不掩饰她们对肯尼迪夫妇的崇拜，认为杰奎琳是这些十几岁女孩子们集体的偶像。那所学校虽小，却教授西班牙语、法语和拉丁语，那里的老师告诉我说，学习外语会让人受益终生。我们这位优雅而多才多艺的第一夫人凭借着她的语言才能帮助丈夫成功竞选总统，在她的启发之下，我们也要不断努力，提高自己的语言能力。

## 贪婪地读书

终其一生，杰奎琳都在贪婪地读书。她的朋友简恩·怀兹曼回忆说："她每周都要读完 8 到 10 本书，题材从建筑、历史到生物，无所不涉。"作家楚门·卡波伊特这样评价杰奎琳的读书习惯："一天读完一本书对她而言再平常不过了。"

除了享受乐趣和自我充实以外，杰奎琳读书还有一个重要原因——书籍提供的知识能帮助她成功地做好手头工作。杰奎琳如此醉心于阅读，尤其喜欢读当年祖父与她分享过的那些经典著作。她曾说："阅读可以让你逃避，阅读可以带你冒险，阅读也可以带你品味浪漫，前提是，你所读的是一部伟大的作品。与二流作品比起来，你会高兴地发现，读经典名著可以轻而易举地带给你更多的乐趣。它们可以带动你的想象力，唤醒你内心最深处的向往。当你的感觉完全被它激发，它便会带你来到你梦中都未曾到达的神奇之地。"

　　杰奎琳像海绵般孜孜不倦地汲取知识，从不问来源。只要是她感兴趣的，她绝不会让任何一个学习机会从手边溜走。这一点，我们从1963年5月她寄出的一封信中就可以看得出。这封信是寄给一位油漆工的，他曾为杰奎琳与肯尼迪建在弗吉尼亚乡村的"心爱的小房子"韦克斯福德刷过墙。"……看你工作，并从你身上有所学习，真是件令人高兴的事，"她写道，"你对我无比亲切——你的工人们也对我非常友善（有一位还教我如何用布在墙上做出大理石花纹）——不过，不用我说你也知道，我绝不会抢你的饭碗！"

　　旅行尤其能够丰富杰奎琳的人生。杰奎琳十几岁时就游遍了欧洲各大城市。在法国的历史名城，尤其在巴黎，雄伟的教堂、历史遗迹和建筑都让她感到深深的震撼。杰奎琳完全被欧洲吸引了，她对朋友说："我真想回去再欣赏一遍。"

　　2002年11月，正是杰奎琳作为索邦大学学生在巴黎生活的50周年纪念，她的女儿卡洛琳专程来到巴黎，为"杰奎琳·肯尼迪：白宫岁月"展览开幕。"巴黎是我母亲终生热爱、并备受启迪的城市。她对艺术的满腔热情，为她在白宫的工作指引了方向，提供了信息。而这种热情，就源自于她在巴黎学习和生活的这一年。"

　　作为美国的第一夫人，杰奎琳的足迹遍布全世界。她访问过许许多多的国家——加拿大、法国、奥地利、委内瑞拉、印度、巴基斯坦，等等。杰奎琳的内心住着一位学者。每次启程出访某个国家之前，她都会仔细研究当地的历史，尽量把自己融入到对方的文化当中。这样做不仅扩展了杰奎琳的见识，也给对方国家领导人，包括法国总统戴高乐将军和印度总理尼赫鲁等，留下了极其深刻的印象。

## 像海绵般汲取知识

虽然杰奎琳常常公开声明她对政治不感兴趣，但还是希望更好地了解丈夫的政治世界和外交关系。1954 年，她决定去乔治城大学选修有关美国历史和民主发展史的一些课程。记者兼作家哈罗德·斯蒂芬当时与杰奎琳同班，在他看来，杰奎琳的这一决定颇具挑战性。因为她的到来，乔治城大学必须做一些特殊的安排。斯蒂芬回忆说，外交事务学院院长弗兰克·法德纳神父向大家宣布"这不是学校的规定，只是一个例外：我们会有一位女同学进来，她是一位新晋入选的参议员的妻子。她会来我们班，旁听部分课程"。乔治城大学当时是"一所高高在上的学校——不招女生，不招黑人，不招公开身份的民主党人，重圈子，轻体育。女生入校的消息并没有得到大家的欢迎"。

那年，杰奎琳 23 岁，斯蒂芬只比她大一点。"我们都是乔治城的异类，尤其在外交事务学院里。她是因为自己是女性，我则因为高中退学,参加过海军陆战队,后来又因为杰弗逊·加菲利大使的政治委派才进入大学。杰奎琳·肯尼迪来听历史课那年,我已经在乔治城大学读到三年级。她的座位被安排在我右边。那情形看起来有点古怪,不过她却表现得镇定自若。她的裙子长过膝盖,搭配一件毛衣、一双低跟鞋和短袜。她的出现似乎没有引起任何人注意,也许她是故意想要把自己融入到人群当中。"斯蒂芬还回忆说,虽然杰奎琳成绩优秀,但"她似乎更愿意谈论艺术,而不是政治理念"。

有一次,在两堂课当中有一段长长的休息时间。杰奎琳邀斯蒂芬一起去购物街逛那家她最喜欢的商店,那里的出版物只售 2 美元。"她很清楚什么地方值得一看,"斯蒂芬说,"我完全相信那就是真正的杰奎琳,一个自由不羁的波西米亚人。"

虽然比起政治,杰奎琳更偏爱艺术,但她相信知识的价值,也希望更好地帮助丈夫,所以她还是很积极地去学习肯尼迪世界里的所有东西。

曾做过宇航员的参议员约翰·格兰曾近距离感受过杰奎琳作为第一夫人的智慧:"只要是有关国际事务的讨论,不管是远东问题、中东问题、苏联问题还是其他国际问题,杰奎琳都了如指掌,并且能在讨论中提出自己的观点。她从来都不会显得外行,这是让许多人都感到意外的地方。如果你能抛开刻板印象,你就会在杰奎琳光鲜的外表之下看到她卓著的才华。"

1968 年,杰奎琳嫁给亚里士多德·奥纳西斯,搬往希腊生活。虽然此时她已年近四十,但求知若渴的习惯却依然如故。她全心投入到希腊文化的学习中,学习希腊语言,研究希腊的历史、文学和艺术,甚至学会了跳当地的萨塔奇舞。瓦萨尔学院古典文学教授罗伯特·庞德曾在一次派对上碰到杰奎琳,此时距她离开瓦萨尔学院已有二十多年。杰奎琳对从古至今希腊的方方面面,甚至包括希腊的考古学研究都如数家珍,这让庞德惊讶不已:"我们谈论起在萨莫瑟雷斯岛进行的考古开掘工作,她竟然对岛上的情形和开掘进展了如指掌。"

亚里士多德·奥纳西斯与杰奎琳截然不同,他绝不会花掉整晚时间去阅读一本好书。他常常抱怨说:"杰奎琳除了读书就是读书。"这不仅是一句贴切的评价,更是一个准确得可怕的预言。就在他逝世后不久,杰奎琳出于对文学的热爱,毅然决然地回到出版界工作,成了一名职业女性。将自己多年来的爱好变成事业,杰奎琳从中得到了莫大的满足感。

## 在工作中求知若渴

作为编辑,杰奎琳取得了不小的成绩。从许多方面来看,这也是杰奎琳做过的所有感兴趣的事情中最适合她的。在这份工作中,杰奎琳不仅可以接触到许多同她一样热爱文字的人，共同享受创造的乐趣，更可以借机大量地学习新知识，探索那些让她着迷的人物、地点或新思想。与此同时，杰奎琳一生所积累的丰富多样的知识和开阔的思想，也正是一个编辑最应当拥有的宝贵品质。杰奎琳曾说过："我喜欢做编辑，是因为它能够拓宽知识面，提高你的辨别能力。你接触到的每一本书，都会将你带往一个全新的世界……"

贝蒂·普拉什科是杰奎琳在双日出版社的上司。她眼中的杰奎琳既聪明又敏锐。"她知道读者想看到什么样的书，最重要的是，她有着超强的人脉。不管是谁，只需要一个电话就可以搞定。这是一个编辑最难得的优势，而她将这种优势运用到了极致。"

在普拉什科的印象中，杰奎琳的想法大多切实可行。"虽然坚持己见，但她知道什么时候应该放手。如果某种方法行不通，她会干脆放弃。除此之外，她有极强的幽默感，常常可以从事情里看到极具讽刺意味的笑料。"

有些人很早就认识杰奎琳。当她做了编辑之后，他们却看到了一个全新的她。"我和杰奎琳相识多年，"法国摄影师马克·吕布说，他的著作《天堂的中心》就是由杰奎琳编辑的，"但是，直到我们一起工作，我才开始真正了解她。现在我们是合作者，目标一致：将一本书推向成功。在光鲜的外表背后，我发现她对待工作极其严肃，意志力惊人。她聪明而热情，总是用最高的标准来要求自己。"

乔安妮·达尼埃利迪是纽约通信行业的专家。后来她攻读艺术史，成了纽约大都会博物馆的兼职工作人员。她还记得1976年杰奎琳为自己正在编辑的一本书，专程来博物馆的时装学院查找资料的事。"当时我只有二十多岁，像个小孩子。奥纳西斯夫人对我说，她想见幻灯库的管理人。她正在编辑一本名叫《俄式风格》的书，需要从我们馆藏的幻灯片里查找一些可能有用的素材。我清楚地记得，她非常自信地提出许多问题，为的是把所有的细节都弄明白。她让我懂得了：你不可能事事都成为专家，但你可以不耻下问。"

杰奎琳重返职场，是因为她需要这样一个高水平的挑战，来让自己感到充实和完满。辉煌的第一夫人生涯已成往事，亿万富豪之妻的历史也已结束，现在，她回到出版行业，从一个普通编辑做起，却是一件再好不过的事情。

女权主义作家格罗莉亚·斯泰纳姆说："依傍肯尼迪家族的权势，或是享受奥纳西斯式的奢华生活——哪怕摆在我们面前的是这两种选项之一，我们谁会有勇气回到自己的事业中去奋斗？我们当中有多少人宁愿选择自己的工作，也不要唾手可得的名利？从长远来看，杰奎琳对工作的定义倒比她所放弃的权利，更值得现代妇女借鉴。"

双日出版社经理兼发行人斯蒂芬·鲁宾说："……没有谁会知道，杰奎琳对待自己选择的工作是多么忠诚，而她又是多么才华横溢……许多人听说她真的每天来办公室上班、参加公司会议、干活勤快之后，倒是觉得非常惊讶……她对工作热情高涨，但绝不是为了赚钱，推出真正优秀、有趣的书籍才是她的动力。正是因为这种非同寻常的天性，她的许多作品才大受欢迎。这些优秀的书籍也让她备受嘉奖。"

　　杰奎琳终生保持着学习的热情——不管是嫁给约翰·肯尼迪，成为美国第一夫人，还是做了母亲，成了寡妇，抑或是后来嫁给亚里士多德·奥纳西斯为妻，直到最终成为一位独身的职业女性。杰奎琳晚年选择与马瑞斯·坦伯斯曼一起生活，他与杰奎琳一样注重学习，热爱文学。对杰奎琳来说，也许这是最好的结束。

# 杰奎琳的智慧 ❀

　　杰奎琳终生都对阅读抱有极大的热情。她告诉我们：知识是力量的源泉，是探索的工具，也是愉悦与慰藉的乐土。儿时的杰奎琳依靠读书，在家庭纷争中为自己找到一方安宁之所。此后的一生中，阅读始终是杰奎琳探索世界、享受人生的神奇乐园，也随时充当她逃避人生失望与伤痛的避难所。

　　杰奎琳对知识的渴求源源不绝，永无止境。她迫不及待地去理解那些全新的东西，并把这当成最好的消遣方式。正是杰奎琳丰富的历史和艺术知识，为她担任第一夫人时期所取得的那些巨大成就，如修复白宫，奠定了坚实的基础。

　　在某个问题面前，如果杰奎琳的储备知识不足，她便会想方设法充实自己，直到满意为止。当年，年轻的杰奎琳刚刚成为肯尼迪的新娘，而肯尼迪还只是个崭露头角的参议员。杰奎琳为了更好地了解丈夫的世界，竟然回到大学校园，到外交事务和国际关系专业做旁听生。后来，杰奎琳做了母亲。她专门向育儿专家，特别是本杰明·斯波克博士去讨教育儿的经验和方法。作为第一夫人，她在出访某个国家之前，会特别留意去学习当地的历史和文化。如果说开始时，那些政界要人是被她迷人的风度所吸引，那么后来，她纯熟的外语和深厚的历史知识则真正赢得了他们的热爱与尊重。

当年，以追求漂亮女人著称的肯尼迪一见到杰奎琳，就立刻被她对书籍的热爱、对知识的渴求和对学习的欲望所吸引。当然，她独特的美貌也是深深打动肯尼迪的原因之一。

生活中充满了各种各样的学习机会，而我们所要做的就是抓住这些机会。随着科技进步创造出越来越多的奇迹，我们与他人的交流就变得更快捷，越来越多的娱乐活动触手可及。这样下去，我们很可能会变为知识的被动消化者。杰奎琳不会让这种情况发生，我们同样也不能。当我们开始主动学习知识，我们就为自己的生命提供了无限的可能。只要我们永葆一颗好奇之心，我们就会不断进步。

前任第一夫人埃莉诺·罗斯福曾说过："一旦你停下学习的脚步，你便失去了生命中所有的活力与意义！"

# 第八章

# 男人与婚姻——迷人的特质

*Jacqueline*

"第一次结婚为了爱情，第二次结婚为了金钱，第三次结婚只为找一个伴。"

——佚名

杰奎琳究竟有什么能耐？她征服了被全世界公认为最有魅力的两个男人——二人都权势显赫，绝非那种普通的邻家男孩。她的第一任丈夫——高大，英俊，多金——约翰·菲茨杰拉德·肯尼迪，后来成为美国第35任总统，并迅速在全世界，尤其是全世界的女人们当中声名远播。那些好莱坞的小明星、社交界新媛、国际小姐们都对他朝思暮想。她的第二任丈夫——亚里士多德·奥纳西斯，魅力超凡、精明能干，让女人们神魂颠倒。作为全球最富有的男人之一，奥纳西斯的聘礼包括一条航线、一座希腊小岛和一艘全长303英尺的豪华游艇——这还远远不是全部。杰奎琳的两任丈夫都认为，杰奎琳拥有令他们难以抗拒的"某种特质"——"美貌、魅力、领袖气质、风格，任何一项或全部"，这也正是社会专栏作家伊戈·卡西尼对她的评价。然而，拥有这些特质的女性何止少数，杰奎琳的优势究竟在哪里？

## ❧❧ 父亲膝前的启蒙课 ❧❧

杰奎琳在"男人"这门功课上的成功，部分归功于她那位英俊的父亲杰克·布维尔。从外表上看，杰奎琳酷似她的父亲。他是个时髦潇洒的花花公子——身高6英尺，瘦削有力，耽于酒色，嘴唇饱满，有一双锐利的蓝眼睛——分得很开，是布维尔家族的典型特征，深色浓密的头发被精心地打上发油。他衣着入时,外貌和举止总能轻而易举地成为众人关注的焦点。出于对生活和爱情的巨大热情,"黑杰克"可伤了不少女人的心,对于这一点他自己再清楚不过。

虽然杰克·布维尔一本正经地与简妮特·李结了婚,但他丝毫没打算更改与女人们厮混的生活方式。拥有超凡魅力的布维尔,与女人们玩的是典型的一夜情,而且,被他看上的女人,一定要具备某些特质。父亲评审女人的眼光影响了杰奎琳,她开始精心打造自己。

作为一个情场老手,布维尔对女性时尚颇感兴趣。他时常带着他的女儿们去逛纽约最时髦的服装店,比如萨克斯第五大道百货公司、博威特连锁店和波道夫·古德曼百货公司。他一再对杰奎琳和妹妹李强调:一个女人,不论生来相貌如何,整体的感觉才是最重要的。即便是一个长相平淡的女人,只要穿上漂亮衣服,一样可以光芒四射。

布维尔还教会他的女儿们一些极具价值的东西,这些东西对她们以后的岁月都大有裨益。正如一位女演员要学习如何在舞台上惊艳亮相一般,布维尔教会杰奎琳和李如何款款地走进房间。布维尔说,"为了引人注目,你要径直走到房间中央,下巴扬起,脸上挂着令人目眩神迷的微笑。不要扫视房间,不要表现得好像你在寻找谁,他们应当来寻找你。谈话的对象要精挑细选。不要表现得过分友好或过度热情,那样会吓坏男人!"

杰奎琳遗传了布维尔的魅力,她总是能轻而易举地捕获人们的目光。很可能杰奎琳的"灯塔派头"也得益于布维尔的真传。据杰奎琳的一位传记作者说:"当杰奎琳碰到她喜欢的男人时,她就会立刻变身灯塔,所有人都能感受到她的'电力'。"美国著名作家戈尔·维达尔(他与杰奎琳都是休·奥钦克罗斯的继子)说:"杰奎琳从不环顾四周,搜寻什么人。她用她那双间距很宽的眼睛专注地望着你,听你说话,脸上的神情灿烂得令人窒息。"

得益于父亲股票经纪人的身份,杰奎琳相信,世界是用钞票堆砌起来的——只要你掌握着别人想要的东西,你就大可以开出价码。肯尼迪对此深有感触:当他希望杰奎琳为自己做些什么时,他一定得给出回报。一次,白宫新闻秘书皮埃尔·萨林格请杰奎琳去接见来白宫参观的女童子军代表团,可杰奎琳认为这不是自己的任务,让他去找总统。于是,萨林格跑去向肯尼迪汇报。肯尼迪说:"给我一分钟,我来搞定。"一会儿工夫,他回来了,面带微笑,说杰奎琳同意了。萨林格好奇地问:"你是怎么说服她的?""花了些代价。"肯尼迪答道。"一套新衣?"萨林格猜测。"不,更糟",肯尼迪回答,"两场交响音乐会。"

为了培养杰奎琳与男人谈判的能力,布维尔曾告诫杰奎琳不要表现得太好商量。当请帖送到你手上时,要表现得有些为难,他立刻就会关注你。告诉他你得想想才能决定是否出席。当你最终现身时，所有人都会对你印象深刻。布维尔经常把这招用在参加家庭聚会上。他告诉父母和兄弟姐妹，说"我们尽量参加"。当他带着女儿们终于赶到时，所有人都会激动万分。

在波特小姐学校学习时，杰奎琳认真按照父亲说的去做。她无数次拒绝了那些年轻男孩们的邀请，毫不犹豫地把功课摆在第一位，把社交生活抛到脑后。跟同一年龄段的孩子们比起来，杰奎琳相当早熟，在她看来，这些年轻男孩相当乏味。那时候，杰奎琳的脑袋里所能想到最远的事，就是和一个保守的男人结婚。她对同伴们说："我可不想做个家庭主妇。"

1947年秋天，杰奎琳首次进入社交界，一下子就名声在外。伊戈·卡西尼称她为"本年度新进社交界皇后"，称赞她"具备一位新入社交场的佼佼者所应具备的一切特质"。卡西尼用笔名"乔利·奈克博克"所写的专栏在全美各大报纸上同步发表，读者众多，这样一来，杰奎琳立刻成了名人。卡西尼私下里曾说，他所青睐的往往是那种漂亮而华丽的女孩，但是杰奎琳"自有一种与众不同之处，一种无法理解的优雅。虽然有些羞怯，稍显内向，但确实很出众"。就这样，杰奎琳传奇的一生开始了。

杰奎琳的父亲还告诉她：永远不要相信男人。别指望他们会是完美的绅士，也别给他们尝到太多甜头，尤其是肉体上的。杰奎琳出生在性解放之前的年代，当时的女子在结婚前必须保持处子之身。因此杰奎琳牢牢地按照父亲说的去做。杰奎琳的表兄约翰·H·戴维斯还记得,杰奎琳"根本不需要男人们费力去弄到手——她根本不可能被弄到手"。那些来自普林斯顿、哈佛和耶鲁的年轻男孩子们总是这样问他:"你那位'年度最佳新人'的表妹是怎么回事?她根本不给我机会。"或者"给我讲讲你那位'年度社交皇后'的表妹,我根本无法靠近她半步"。约翰将杰奎琳对男人的这种诱惑力归功于布维尔:"是她的父亲塑造了她。他在写给杰奎琳的信中曾多次警告她,不要忘了'男人都是鼠辈',千万不要让他们觉得你'招之即来'或是'容易应付','要让他们永远猜不透你'。"

　　杰奎琳牢牢记得这些忠告。她不单让男人猜不透,也让广大公众们猜不透。作为第一夫人,她极少接受采访,注意保护隐私,甚至拒绝写回忆录。"我只想过我的生活,而不是记录我的生活。"她说。她喜欢保持缄默,不去透露她的想法,也不屑解释她的行为。她与我们今天见到的名人形成了鲜明的对比,今天的名人们恨不得把一切都告诉我们。杰奎琳从不急着为自己辩白,她常说:"流言只会没完没了,它与真正的我根本无关。我只想享受生活,而不是描写生活。我宁愿省些时间下来,去欣赏玛莎葡萄岛海上的薄雾。"

　　通过自己的亲身经历,布维尔让杰奎琳明白,与那些能够使你生活丰富的人在一起,远比与那些无聊的、对你的生活毫无建树的人在一起要明智得多。一次，他与两个女儿在中央公园里聊天，忽然看到一个老妇人靠上前来，似乎想与他们交谈。"让她跳湖去吧！"布维尔说，他着实受不了无聊的人。

受父亲的影响，杰奎琳对交流的对象十分挑剔。她作为第一夫人，却总是对那些国会议员的夫人们、中级外交官以及外国留学生代表们避而不见，只请副总统夫人伯德·约翰逊做代表，而她自己宁可和家人待在一起，或是去参加某个文化方面的活动，甚至去猎狐狸。

## 保持对男性的吸引力

虽然布维尔钟爱他的两个女儿，但无疑杰奎琳才是他手心里的宝。布维尔自小被他的母亲宠爱，无论他做什么都是对的，自然，他也认为女儿们是完美无瑕的。他把制定清规戒律的事留给杰奎琳和李的母亲简妮特，她对言行举止总是持有死板的规定和严格的标准。父母的不同态度一对比，杰奎琳自然会觉得，男人都是温暖而充满爱意的，而女人，尤其是她的母亲，总是喜欢挑剌，难以取悦的。

这样一来，我们就不会惊讶于约翰·H·戴维斯所说的："在布维尔家族的兄弟姐妹中，杰奎琳更喜欢和男孩子们待在一起。"在伙伴选择上的性别偏向贯穿了杰奎琳的一生。虽然不管男人还是女人，大家都喜欢她，可她和男人待在一起远比和女人待在一起更自在。意识到自己的这一本性之后，杰奎琳也没有打算去改变。她故意避开女士午餐会、桥牌游戏和慈善活动等女人扎堆的场合，她压根儿不想变得和母亲一样。

杰奎琳没有女性朋友圈。作为第一夫人，她只结交那些能作为良师益友的女性，向她们学习如何鉴别精良的法式家具，或是如何从细节上美化景观。终其一生，她都保持着自己对男性的吸引力。直到晚年，杰奎琳才变得愿意与女性亲近，不过她还是更愿意从男性那里得到支持和力量。

"杰奎琳始终很抗拒与女性发展友谊。"莱姆·比林斯说。他与肯尼迪从乔特学校时代起就是亲密朋友。"她看起来柔弱易碎，这一点对男性更具吸引力。每个男人看到她都会不由自主地软下心来。"

## 无可抗拒的魅力

杰奎琳的柔弱有着无比强烈的吸引力，很少有男人能够抵挡，不管在赛场上、宗教问题上还是政治场合中。在这些拜倒在杰奎琳石榴裙下的男人当中，有一位名叫安德烈·迈耶，可谓是杰奎琳的福星。他是一个传奇的资本冒险家，同时也是华尔街赫赫有名的投资银行拉扎德公司的高级合伙人，常被人称作"银行界的毕加索"。迈耶是肯尼迪家族可信赖的财政顾问，同时也是副总统林登·B·约翰逊、CBS 电视台创办者威廉·帕雷以及《华盛顿邮报》的发行人凯瑟琳·格拉汉等社会名流的朋友。在肯尼迪去世之后,杰奎琳开始担忧自己的财务状况,就去找迈耶作咨询,而这位金融奇才当即被杰奎琳的魅力与脆弱深深打动。据法国文化部长的妻子玛德琳·玛尔罗说:"他一定是爱上了杰奎琳。在他眼中她出色极了。"这个被《财富》杂志称为"西方世界最重要的投资银行家"竟然对杰奎琳的生活如此上心,这一定很合杰奎琳心意。迈耶不仅管理着杰奎琳的投资,还对她的置业问题、孩子上学甚至她的爱情生活出谋划策。

杰奎琳决定嫁给亚里士多德·奥纳西斯时,迈耶坚决反对:"他配不上你,杰奎琳。一旦嫁给奥纳西斯,你便亲手毁了你高高在上的社会地位。"杰奎琳没有听他的话,这让迈耶感到痛苦和愤怒。不过,杰奎琳有办法平息他的怒火,并让他心甘情愿地一辈子服务于自己。就在迈耶逝世前,他对自己最好的朋友、成功的企业家詹尼·阿涅利嘱托的最后一件事就是照顾好杰奎琳——"要让杰奎琳好好的。"从这件事里,我们可以充分看出杰奎琳在男人心中无与伦比的魅力。

就算是一向以角度客观为傲、不会轻易受外界影响的记者,也会不由自主地为杰奎琳着魔,西奥多·H·怀特便是其中之一。他曾公开承认,发表在《生活》杂志上的那篇把肯尼迪执政时期比作"卡美洛时代"的著名文章其实存在漏洞,他也暗示说,当时自己那样写完全是为了讨杰奎琳的欢心。

154

在杰奎琳的描述中,伟大的肯尼迪最喜欢百老汇歌剧中的一首歌词:"千万不要忘记,曾有过那么一个地方,有过那样辉煌灿烂的时刻,那就是卡美洛。"怀特知道,这样的描述说得好听些,是"富于想象",反之就是"胡编乱造",可他宁愿相信杰奎琳属于前者。他认为,在经历了这么多磨难之后,杰奎琳所说的不会是杜撰。在杰奎琳的催促下,他把"卡美洛"的说法加进了文章,甚至还在向杂志社交稿之前,让杰奎琳浏览并修改了样稿。

"……那一刻, 她的身上有某种令人目眩神迷的东西。"怀特说,"就算她把埃德塞尔汽车或是布鲁克林大桥卖给我都没有问题。"

杰奎琳吸引到的男人形形色色,有些甚至是她始料不及的。摄影师罗恩·格拉拉就是其中之一。他出生于纽约布朗克斯区,曾在空军服役。他是美国"狗仔队"的先锋,专门在名人最不加防范的时刻进行偷拍。他的相机随时处在待命状态。只要他出门,身上必带三台装满胶片的尼康相机。因为他总是出其不意地偷拍,许多明星都曾与他起过冲突,如弗兰克·辛纳特拉、保罗·纽曼和马龙·白兰度等。其中马龙·白兰度那一拳狠狠地打在他的下巴上,打掉了他 5 颗牙齿。

因为完全迷上了杰奎琳,格拉拉便把他的全部精力都放在偷拍这位昔日的第一夫人和她的孩子们这件事上。他像狗一样步步紧跟,跃过篱笆,在大街上偷偷超越目标,甚至躲在中餐馆的衣架后面,以便偷拍她于不备。他还和杰奎琳的女仆约会,以套取有关杰奎琳日程安排的一切细节。为了让杰奎琳认不出他,他想出各种各样的伪装法,比如戴假发、贴假胡子,等等。他甚至穿上带有水肺的潜水衣,潜藏在希腊蝎子岛的海面下,只为成功拍到杰奎琳。反过来,杰奎琳也想出各种招数好让他无法得逞。如果格拉拉没拍到杰奎琳的眼睛,编辑就不会付大价钱给他。知道这一点后,杰奎琳上街就经常戴着大墨镜。她还常穿黑色衣服,因为黑色不上镜。有时她会把手挡在脸前,这样拍出来的照片也不会值钱。不过,杰奎琳越想挫败他,他就粘得越紧。《艺术论坛》杂志报道说:"格拉拉没完没了地跟着杰奎琳许多年。他怀着强烈的欲望想要盯着杰奎琳看个够,所以,他拍下的每一张杰奎琳的照片都仿佛是一幅肖像。"

虽然格拉拉偷拍杰奎琳是为了可观的收入,但在某种程度上,他也承认自己爱上了杰奎琳。每次他打算去拍杰奎琳之前,都会穿上正装,系上领结。他还记得一次偶遇杰奎琳的情景:"我永远都忘不了那个秋天的午后,我正在中央公园里溜达,忽然就见到了杰奎琳。她就像遗落在草丛中的一颗钻石,光芒闪耀。"在一番浪漫的描述之后,他还对杰奎琳大加赞赏,说她不单"美貌、富有、魅力四射,还敏感、独立、充满诗意。人们从来不曾真正地了解她。"据作家基蒂·凯莉说:"在格拉拉拍摄的 4000 多张杰奎琳的照片中, 杰奎琳都呈现出动人心魄的美。这绝对不是奉承。格拉拉从不拍杰奎琳抽烟或喝酒的样子。他也尽量挑一些光线明亮的场合来拍,以掩饰她不算雪白的牙齿,弱化她细小的眼角皱纹。每一张照片,都把他对女主角的爱展露无遗。"

《风中的杰奎琳》,这是格拉拉最著名的一张照片,摄于纽约一个秋天的下午。照片中的杰奎琳正大步穿过一条大街,即便身穿休闲装,也一样光彩照人。她修长苗条的双腿被剪裁合体的紧身扎染牛仔裤包裹着,上身穿一件时尚的紧身毛衫,完美衬托出她的身体曲线。照片中的杰奎琳完全不加防备,她的头微微偏向镜头;浓密的棕色秀发半遮面庞,露出半张充满期待的笑脸。性感,自信——这就是那个最本真的杰奎琳。格拉拉说:"达·芬奇有《蒙娜丽莎》,而我有我的《风中的杰奎琳》。蒙娜丽莎脸上的微笑刚刚浮现,同样,我的照片中杰奎琳的笑容也刚刚绽放。如果牙齿露了出来,那便是笑容的顶峰,也就是笑容的结束了。"这张美得惊人的照片,还有其他数以千计的杰奎琳的照片,就成了我们对杰奎琳那段永恒传奇的最直观的印象。

时装设计师汤姆·福德说:"这真是个讽刺,奥纳西斯夫人最厌恶的摄影师,偏偏将她塑造成了一个时代标志……她与孩子们在中央公园里玩耍的情景,被长焦镜头连拍成一系列颗粒感极重的黑白照片,于是,昔日的杰奎琳·肯尼迪·奥纳西斯便成了今天奇迹般的时尚偶像。"

杰奎琳有办法让其他人——尤其是男人——想她之所想,这让她在与格拉拉的官司中取得了胜利。这是一场饱受争议的官司,因为格拉拉违反了与她至少保持25步距离、与她的孩子们至少保持30步距离的规定。官司开始后不久,杰奎琳的律师团就发现,她在法庭上可是一个厉害的证人。

"多数证人在开庭前都要加以培训。"纽约律师查尔斯·贝瑞说,当年他是杰奎琳的律师团中一位年轻的小律师。"但是杰奎琳有一种与生俱来的直觉,她很清楚该如何在法庭上表现,根本不需要太多指导。"她成功地迷住了联邦法院最老的法官艾弗里·本·库珀,让他也认为把格拉拉投入监狱才是最痛快的判决方法。贝瑞还说:"我对她的智慧和仪态印象极深。她懂得柔声慢语的力量,它能让听众完全集中起注意力。当她出庭作证时,整个法庭都鸦雀无声。"

艾德·瑞利是这场官司中杰奎琳的代表律师。在贝瑞的印象里,他全心全意地为杰奎琳服务,一心想要保护这位著名女性的隐私权。杰奎琳十分感谢瑞利,不光是因为他带领律师团打赢了官司(格拉拉承诺今后再不偷拍杰奎琳),还感谢他的精心安排,让杰奎琳出入法庭都没有被记者拍照。就在格拉拉的律师马文·米切尔森在法庭阶前给那些失望的记者们召开新闻发布会时,杰奎琳那辆其貌不扬的旅行车便静悄悄地从地下室专供法官和罪犯出入的通道开出法庭。就这样,她成功地躲开了媒体的包抄。

尽管输了官司,格拉拉对杰奎琳的热爱与崇敬却丝毫不减。2002 年,一家报纸对他进行采访,其中一个问题是:谁是他最喜欢的拍摄对象? 他答道:"杰奎琳是最有意思的,因为首先她走起路来像一头小鹿, 总是飞奔着不肯停下来摆 pose,这对我的拍摄是一个挑战。其次,杰奎琳总是在做事。我喜欢人们不停地做事,我的照片所要表现的就是这个。她是我最佳的拍摄对象,我想她也会喜欢我这么说。"

杰奎琳的吸引力遍及两个政党,这一点在她与亨利·弗朗西斯·杜邦的关系上体现得再明显不过。杜邦是一个重要的共和党人,也是特拉华州温特图尔博物馆的创办者。他不仅是全国首富, 也以 81 岁的高龄成为了世界上数一数二的美国古董专家和收藏家,他甚至把自己在特拉华州的家都改造成了博物馆。

为了成功修缮白宫,杰奎琳决定请杜邦出任新成立的艺术委员会主席。他的主要职责是采购古董和家具,并确保它们放在房间里能与历史精确吻合。杜邦同意出任主席,很明显,他已经被杰奎琳的魅力深深打动,并被她的管理能力所左右了。

在接下来的数月里,杰奎琳一直以优雅的风度与杜邦合作,即便当她在修缮过程中坚持己见时也是如此。一次,杜邦看见白宫的一间画室里悬挂着一幅"极不协调"的静物写生,就发表意见说,在他看来这简直就是个失误,并提醒杰奎琳和另一位委员会委员苏珊·玛丽·阿尔索普把这幅画换到更适合的房间里去。他问："女士们,你们当真认为这幅静物应该挂在画室里吗?"杰奎琳立刻用她甜美得令人窒息的嗓音说:"哦,杜邦先生,这只能证明我们是多么无知。感谢上帝,幸好有您在这里教我们怎么做。这幅静物立刻就会换下来。"

杰奎琳对杜邦的尊重让杜邦感到很满意。他建议撤下的那幅画果然撤下来了——只是暂时。他不知道的是,就在他离开后不久,杰奎琳就把那幅画又挂回到同样的位置上。后来杜邦重返白宫,刚巧又与杰奎琳和苏珊·玛丽·阿尔索普走到同一个房间。他发现那幅画又回到了老位置上。杜邦没有表示出半点异议,反而看着那幅画对阿尔索普夫人说:"杰奎琳的眼力果然独到。这一切看上去都美极了。"就这样,杰奎琳成功地挑战了世界古董权威,并最终赢得了他的赞美。杰奎琳有着极度的自信,她根本不会与一个有价值的人做无意义的对抗。

杰奎琳的魅力如此之大,竟然还远渡重洋,迷倒了美国的宿敌——苏联的国家领导人赫鲁晓夫。这个矮胖、秃顶、眼神如钢铁般冰冷锐利的人,总给人一种不寒而栗的感觉。人们对待他都倍加小心,唯恐将他激怒会招致杀身之祸,尤其是苏联已经给出暗示:有可能动用核武器一举歼灭与己作对的国家。肯尼迪和杰奎琳出访越南和奥地利时就曾会见过一些苏联领导人,也听到了不少让肯尼迪忧心忡忡的、关于赫鲁晓夫的评语：他会灵敏地感知到对手的弱点，只要被他逮到机会，就立刻将对手扑倒在地，无力反击。显然，不管是美方还是苏方，所有人都对肯尼迪与赫鲁晓夫的这一历史性会见深感紧张。

当摄影师建议赫鲁晓夫与肯尼迪握手拍照时，他眨眨眼睛看看杰奎琳，通过翻译说："我更愿意先与夫人握手。"在稍后的晚宴上，来宾们注意到杰奎琳身穿粉色饰有亮片的雪纺裙，坐在赫鲁晓夫身边，专心地与他谈话。她那双间距略宽的眼睛望着赫鲁晓夫，脸上闪烁着笑意。赫鲁晓夫完全被杰奎琳迷住了。据美联社的报道说："这位粗鲁而好斗的共产党领导人就像一个腼腆的中学生，他的神情叫人想起冰雪消融后缓缓汇入伏尔加河的初春时分。"赫鲁晓夫被杰奎琳的美貌弄得目眩神迷，忍不住称赞她身上的衣裙"太美了"。

当赫鲁晓夫吹嘘着乌克兰有多少学校老师时，杰奎琳将她雪白的肩膀微微倾向赫鲁晓夫，柔声打断他说："哦，主席先生，别拿无聊的统计学来烦我了！"苏方代表们一听此话，全都惊吓得要跳起来。他们深知赫鲁晓夫的坏脾气，以为他会立刻火山爆发。谁料，他竟哈哈大笑地停下话题。就是这短短几个字，杰奎琳让赫鲁晓夫乖乖就范，全世界都没有几个人能这样做。这位光是名字就能叫人闻风丧胆的苏联领导人，就这样拜倒在杰奎琳的石榴裙下，气焰全无。

杰奎琳能在初次见面的几分钟之内就能让完全陌生的

人对自己深深着迷。美国顶级室内设计公司迈克米伦的设计师路易斯·雷曾受聘于杰奎琳，为位于波士顿的约翰·菲茨杰拉德·肯尼迪图书馆设计私人房间。在此之前，他从未见过杰奎琳，但是"就在5分钟之内，我感到她的身上有某种魔力，能让人立刻爱上她。我无法明白地说出那究竟是什么力量，只是觉得在她面前我非常放松，哪怕我要对她说的是一些十分重要的事。"他还记得，她是"一位很好的聆听者"，能立刻领会我的设计理念。

## 第一次结婚，为了爱情

杰奎琳对男人有着致命的吸引力，引得无数追求者对她

锲而不舍，而她生命中的每个男人，都能在特定时期里满足她的特定需要。有这样一句话，据说是出自杰奎琳之口："第一次结婚为了爱情，第二次结婚为了金钱，第三次结婚只为找一个伴。"毫无疑

问,肯尼迪——她的第一任丈夫,是她一生的挚爱。与他结婚时,她曾满怀希望地以为自己设想的一切都能成真。亚里士多德·奥纳西斯——她的第二任丈夫,是世界首富。他的钱足够为她破碎的心和枯竭的灵魂打造一个温暖的避风港。马瑞斯·坦伯斯曼——他们只是精神结合,是一个可信赖的朋友和亲爱的伴侣。虽然他们没有结婚,但他为暮年的杰奎琳提供了精神上的安全感,从来没有一个男人给过她这种感觉。

在四十多年的时间里,杰奎琳·肯尼迪·奥纳西斯的人生先后与这三位完全不同的男人神奇交汇。1951 年,当她初遇约翰·肯尼迪,就确信这个男人正是自己完美的丈夫人选,但唯一的问题是:他并不这么认为。当年,34 岁的肯尼迪马上要竞选参议员,而且,他似乎一心一意地想做单身汉,已婚男人的角色丝毫不对他的胃口。他的好色早就名声在外,他的眼睛永远停驻在各色美女身上,他的欲望永无止境——尤其对那种体形丰满、金发碧眼的尤物更是如此——这足以让杰奎琳,或是任何心存结婚念头的女人灰心丧气。

"我以为肯尼迪还没有做好结婚的准备,"肯尼迪的朋友、同为参议员的乔治·斯马瑟说,"但我没想到他竟然一早就准备好了。看吧,他也只不过是个最普通的男人。"

不管准备好与否,肯尼迪与杰奎琳确实是精神上的双胞胎。童年时父母的离异,让杰奎琳在内心筑起一道防御之墙,肯尼迪童年时也曾因为生病而长时间独自待在房间里,与他冷酷的、看起来毫无感情的母亲非常疏离。

"他们两人的童年都是在不太完美的家庭环境中度过的,他们都只能强打精神,就好像自己和别的孩子一样,有人疼爱。"莱姆·比林斯说,"他们如此相像。他们二人都堪称出色的演员,并且相互欣赏对方的演技。"

杰奎琳的母亲简妮特·奥钦克罗斯总是向两个女儿灌输财富的重要性。当杰奎琳那好色的父亲将家里的钱挥霍掉大半以后,简妮特终于和他离了婚,改嫁给奥钦克罗斯。他是个声名显赫的富豪,丰厚的财产足以让简妮特和她的两个女儿过上更加舒服的日子。不过,杰奎琳选择与肯尼迪在一起,倒不只是被肯尼迪家族的财产打动,她还从肯尼迪身上看到了更能吸引她的特质。虽然眼前这个男人比自己大了 12 岁,杰奎琳还是认定,他就是她的灵魂伴侣——他们对书籍有着同样的热爱,对历史也同样感兴趣,都不喜欢参加盛大的派对和无聊的社会活动。她曾对朋友说:"我只想与肯尼迪结婚。"

然而,现实生活远远没有童话故事那般美好。肯尼迪压根儿没打算单膝跪倒在杰奎琳面前,拉起她的手问她愿不愿意嫁给自己。这不是他的做事风格。就像许多想结婚的女人一样,杰奎琳也知道,如果她想成为肯尼迪夫人,就一定要把主动权掌握在自己手里。虽然家庭条件比不上肯尼迪家族,但杰奎琳对于自己的出身和社会地位十分自信。多亏了布维尔家族祖先的法裔贵族身份和奥钦克罗斯家族的显赫背景,杰奎琳对一直怀有远大政治抱负的肯尼迪家族而言十分珍贵。尤其是这个家族的大家长乔·肯尼迪,他曾多次想进入上流社会,均被断然回绝。一旦杰奎琳加入肯尼迪家族,正好可以成为他摆脱低下的社会地位的契机。

当杰奎琳意识到,乔·肯尼迪才是自己这场战役成败的关键后,杰奎琳开始有意识地向他展示自己的社会关系和布维尔家族的贵族背景。她还巧妙地向他介绍了自己的教育经历,那是一位上流社会年轻女子最让人羡慕的成长轨迹:波特小姐学校、瓦萨尔学院、索邦大学,甚至还有赢得"年度新入社交界皇后"称号和巴黎《时尚》杂志获头奖的事。与此同时,对于乔已经察觉到的自己经济境况一般的事实,杰奎琳很小心地不去提及,她也很少说起自己在《华盛顿时代先驱报》平淡无奇的记者工作。

杰奎琳的计划果然奏效了。没过多久,乔·肯尼迪就变成了她的头号支持者。不过,杰奎琳最让乔欣赏的一点是她无法隐藏的:她的个性,在波特小姐学校培养出的独立。她敢于大胆地说出自己的想法,而这正是让乔最着迷的。当肯尼迪和他的兄弟姐妹在肯尼迪庄园的草坪上大玩触身式橄榄球的时候,杰奎琳和乔就会坐在门廊前,从古典音乐一直聊到电影。若干年后,杰奎琳曾回忆说:"在肯尼迪和我的父亲之后,这世上我最爱的就是乔·肯尼迪。"不久之后,乔就开始态度坚决地催促儿子尽快与杰奎琳结婚。这位准新郎照旧犹豫不决。有一次,肯尼迪的朋友莱姆·比林斯对肯尼迪家族的传记作家彼得·科利尔和戴维·霍洛维茨说,肯尼迪"根本无法想象自己会对某人说'我爱你',并向她求婚"。他希望这种事情能水到渠成,而不必刻意说出口。此时,杰奎琳只剩下最后一个机会,她离开肯尼迪,跑去英国报道伊丽莎白二世的加冕典礼,只因母亲对她说:"如果你一心爱着肯尼迪,不想离开他半步,那么我建议你,去接触一些精神饱满的人,做一些令人振奋的事,而不是坐在那里苦等他的电话。这样,也许他会更容易理清自己的想法。"

杰奎琳听从了母亲的建议,离开肯尼迪,飞去英国。在给肯尼迪的信中,她极力描绘自己参加了哪些酒会和派对,还不时提到某位贵族男子对她似乎情有独钟。还不到一个星期,肯尼迪就通过越洋电话,正式向她求婚了。

像往常一样,杰奎琳面临的是最现实的情况。虽然她成功"擒获"了肯尼迪,但她清楚他不会就此安定下来。她曾问过一位朋友这样的问题:"如果你的丈夫人见人爱、拈花惹草,你该怎么办?"杰奎琳最终回答了自己的问题:她就是爱花花公子,爱与她的父亲同一种类型的男人。不过,肯尼迪还有另外一个问题——热衷政治。杰奎琳不知道自己是否真的想嫁给一个政客,尤其是一个准备去竞选总统的政客,这对她的影响是不可忽视的。终于,1953 年 9 月 12 日,她嫁给了肯尼迪。从此刻开始,到 1963 年 11 月肯尼迪遇刺,10 年来不管顺境、逆境,她都深深地爱着他。

## ༄༅ 第二次结婚,为了金钱 ༄༅

　　许多年后,杰奎琳成了寡妇。她的一举一动都被全世界无数双眼睛盯着。于是,能为她提供安全和保护的希腊船王亚里士多德·奥纳西斯就成了她的第二任丈夫。杰奎琳第一次见到这位亿万富豪是在 1956 年。当时,她和肯尼迪一同受邀,到奥纳西斯的游艇上会见肯尼迪的偶像——英国首相温斯顿·丘吉尔。此后,肯尼迪夫妇与奥纳西斯的私人友谊就延续了下来。这当中,杰奎琳的妹妹李与奥纳西斯有过一段罗曼史,使得他们之间的关系更加亲密。1963 年夏天,杰奎琳生下了她与肯尼迪的儿子帕特里克·肯尼迪,可是不到两天,婴儿就夭折了。在李的建议下,奥纳西斯把杰奎琳邀请到游艇上,同游地中海,以缓解她的丧子之痛。当时,肯尼迪有些犹豫要不要杰奎琳去,不过他转念一想,乘船出海或许对她有好处,就同意了。

　　奥纳西斯的"克里斯蒂娜"号是一艘 303 英尺长的大型游艇,配有巨大的来宾套间、电影院、大理石游泳池、舞厅、图书馆,60 名侍者在游艇上听从 12 位来宾的吩咐。海上清新的空气,舒适的生活,还有从繁重的政治任务中解脱出来的轻松让杰奎琳的情绪渐渐好了起来,不过杰奎琳心里装的仍是肯尼迪,她想他想得厉害。每天晚上,她都要写信给他,倾诉她的心声,表达她深沉的爱。"从我看到你的那刻起,我就爱上了你。"她写道。她还告诉肯尼迪,自己有多么依赖他,对他背负的工作压力有多么担心。这次航行驱散了杰奎琳的沮丧情绪,同时也让她对奥纳西斯的印象更加好了。她评述他为:"哪里都没有像他这样生气勃勃、精力充沛的人。"不过,在享受愉快旅程的同时,她也更加渴望回到丈夫和孩子们身边。

杰奎琳在海上感受到的风平浪静,很快就被射入肯尼迪头颅中的那颗子弹打碎。在随后的葬礼上,奥纳西斯的身影也出现在白宫熙熙攘攘的人群里。从此以后,34岁的总统遗孀杰奎琳淡出了万众瞩目的政治生活。在沉寂了一段时间以后,情绪稍稍恢复的杰奎琳开始出来见朋友,奥纳西斯就是其中之一。由于身份背景相差悬殊,没有人想到他们之间会发生任何罗曼史。二人的友谊就在这种情况下渐渐深厚。直到1968年,二人发展到谈婚论嫁的程度,才引起了肯尼迪家族的警觉。肯尼迪家族认为,杰奎琳与奥纳西斯的关系可能会影响到接下来波比·肯尼迪竞选总统,但杰奎琳根本不在乎。同年5月,她把奥纳西斯作为结婚对象,介绍给母亲和继父认识。

就在一个月之后,杰奎琳心里的恐怖预感实现了——另一位肯尼迪家族成员被杀害。波比·肯尼迪的死让杰奎琳彻底崩溃了,她开始担心自己和孩子们的生命安全,认为所有的肯尼迪家族成员都是被暗杀的对象。在极度的恐惧中,杰奎琳冲动地说:"我恨这个国家,我恨美国。我再也不想让我的孩子们生活在这里。如果他们要杀光肯尼迪家族所有的人,那么我的孩子就是头号目标……我要离开这个国家。"极度惊吓中的杰奎琳此刻最需要的是安全感和被保护感,她毫不犹豫地接受了奥纳西斯的求婚。

有人对她说,如果嫁给奥纳西斯,丈夫之死使得她在美国拥有的至高无上的地位就会瓦解,可杰奎琳答道:"那总比待在美国吓个半死强。"果然,嫁给希腊船王的决定让美国民众很是无法接受,数百万杰奎琳的崇拜者都以各种方式表达着他们的失望。不过,杰奎琳清楚此刻自己最需要的是什么。1968 年 10 月,她义无反顾地嫁给了奥纳西斯。

作为杰奎琳的丈夫和保护者,奥纳西斯看上去与这位高挑、漂亮、年轻的寡妇并不相配。他的身高只有 5.5 英尺,足足比杰奎琳矮了 2 英寸。他比杰奎琳大 23 岁,但黝黑的皮肤、饱经风霜的脸使得他看上去更加苍老。他白手起家,在船运行业赚了大钱。到 1960 年,他的身家已达 3 亿美元,相当于今天的 1.5 亿美元。

奥纳西斯不仅为杰奎琳提供财政和安全保障,还想方设法地尽量让杰奎琳高兴,将她视为掌上明珠。他关心她、理解她,让她过得更舒服,对她的两个孩子卡洛琳和小约翰尤其亲切。

奥纳西斯酷似杰奎琳的父亲布维尔，他也是个"坏小子"。不过，杰奎琳把这一点视为他的本性，她甚至还很欣赏船王对女人的那种粗俗的热情。奥纳西斯也在杰奎琳矜持的外表之下看到了她奔放的一面，他曾将杰奎琳比作钻石："冰冷而锐利的棱角之下，隐藏着热情似火的内心。"但是，随着时间的推移，这段关系也渐渐变质，尤其在船王的健康状况因儿子的意外去世而迅速恶化时，他与杰奎琳更是形同陌路。奥纳西斯开始计划着与杰奎琳离婚，不过，离婚计划还未成功，他就于 1975 年病逝了。虽然船王生前曾多次公开污蔑诽谤杰奎琳，但杰奎琳始终不肯对船王的言行发表任何负面评价。

奥纳西斯的葬礼之后，杰奎琳对媒体发表了这样一份悼词："当我的生活被阴影笼罩的时候，是亚里士多德·奥纳西斯挽救了我。他对我恩重如山。是他把我带进了充满幸福和爱意的世界。我们一起度过了许多美好而难忘的时光，我将永远感激在心。"

杰奎琳对奥纳西斯的这番悼词体现出她一如既往的优雅和善辩。虽然她刻意不提她爱他，或是她会想念他，但却充分表达了自己对过往那段快乐日子的感念。

船王死后，杰奎琳作了一个轰动世界的决定：做回职业女性——在纽约一家出版公司担任咨询编辑。"我总是靠男

人生活。现在我不能再这样下去了。"杰奎琳说。作为全美 50
位最富有的女性之一，杰奎琳完全不必为财务烦忧。她选择
重新工作只是想做一些喜欢的事，将自己所受的教育、积累
的经验用于实际。她曾这样自问：当孩子们都已长大成人，一
位受到过良好教育的女性该做些什么？"难道看着雨滴划过
玻璃窗吗？"

## 第三次结婚，只为找一个伴

　　杰奎琳选择马瑞斯·坦伯斯曼做她的第三个男人，也许是
潜意识里遵循了这样的法则：女人的第三位伴侣应当是一位
真正的伴侣。20 世纪 80 年
代初期，她与马瑞斯·坦伯斯
曼的关系日益亲密。他是一
位成功的金融家和珠宝商，
曾对民主党有过巨大贡献。
早在肯尼迪在世时，杰奎琳
就见过他。奥纳西斯逝世以
后，他就成了杰奎琳的财务
顾问。在杰奎琳与奥纳西斯
之女克里斯蒂娜的遗产争夺
官司中，杰奎琳一次性得到

了 2600 万美元，但有人指出她实际得到的是这个数字的四倍。这笔巨额的遗产都由坦伯斯曼帮她管理。

坦伯斯曼给予杰奎琳的远远不止明智的财务建议，更有无微不至的关怀。1982 年，他搬到杰奎琳位于第五大道的公寓里，与杰奎琳过起了同居生活。不管是外表还是脾性，坦伯斯曼都与杰奎琳从前选择的男人大相径庭。他没有肯尼迪那样英俊的相貌和健美的身材，也没有奥纳西斯的亿万钞票，他有的更多是过人的智慧、敏锐的幽默感和对学习的热忱。与前两任丈夫更看重工作或是其他女人不同，他把重心完全放在杰奎琳身上。就这样，坦伯斯曼成了杰奎琳的伴侣。他们大部分时间都和对方在一起，一起旅行，一起读诗，一起去公园散步，一起过节。陪伴他们的有杰奎琳的女儿卡洛琳和女婿埃德·施罗斯伯格，还有杰奎琳的 3 个孙子女。她挚爱的儿子小约翰也经常在节日里过来陪伴他们。

只要和杰奎琳在一起，坦伯斯曼从来不忙别的事情，他甚至有时间陪杰奎琳去附近的文具店里买报纸。文具店老板吉米·艾兹拉回忆说："自从 70 年代中期我开了这家店以后，杰奎琳就一直是我的主顾。我第一次见到她时，她刚刚嫁给奥纳西斯。奥纳西斯逝世以后，她就常和坦伯斯曼一起来我这里买时尚杂志，像《时装》或是《W》，都是她特别喜欢看的。杰奎琳和坦伯斯曼在一起就像两个小孩子，经常开玩笑。在我认识她的将近二十年里，她从没有那样开心过。"

从 1975 年起到 1994 年杰奎琳逝世,她都在一心一意地顾着自己的生活和事业。她终于找到了坦伯斯曼——一个真正在意自己的人。这完美无缺的幸福似乎会延续很多年,杰奎琳和坦伯斯曼似乎永远不会变老,然而就在 1994 年,杰奎琳被查出患上了非霍奇金氏淋巴瘤。杰奎琳选择了积极治疗,而坦伯斯曼也一如既往地陪在她身边:陪她去医院,带她去公园散步,每天都买她最喜欢的花,最后,在她的病床边吻着她的额头,看着她永远闭上眼睛。杰奎琳逝世于 1994 年 5 月 19 日。不论疾病还是健康,坦伯斯曼始终都在杰奎琳最需要他的时候,坚定地陪在她的身边。

## ❧ 肯尼迪与杰奎琳 ❧

杰奎琳被安葬在了阿灵顿国家公墓,与丈夫肯尼迪合葬在一起。这是她的家族以及全美国都希望看到的结果。他们生前相依相伴,死后仍旧不可分离。在我们的心目中,他们是美国最辉煌、最浪漫、也最值得尊崇的夫妇,从来没有、也不会再有这样的奇迹发生。

*"曾有过那样辉煌灿烂的时刻,那就是卡美洛。"*

# 杰奎琳的智慧

杰奎琳·肯尼迪·奥纳西斯是一个不朽的传奇。她征服了20世纪最杰出的几个男人，以寻常的观点来看，这似乎不可思议，因为杰奎琳并没有令人窒息的美貌，也没有多么出色的个性，更谈不上性感丰满。到底是什么让杰奎琳如此受到异性青睐？其实，这答案既简单又意味深长，既难以琢磨又显而易见，既不同寻常又再普通不过。

杰奎琳告诉我们，一个女人所拥有的最迷人的资质就是她的个性。在这个充斥着烦人的广告和娱乐文化的世界里，到处都在鼓吹所谓完美的身材、最新的时尚和露骨的性感，我们一不小心就会丢掉那个本真的自我。当我们拙劣地模仿着别人的样子，重新塑造自己的时候，我们也就泯灭了自己最宝贵、最强大的东西。

然而，就在单纯地做我们自己和追求最高境界之间，存在着明显的区别。年轻时的杰奎琳相当忠于自我，着力改进她自认为不足的地方。她有成串的事情想要去弥补，比如她的母亲嫌她手脚太大，不够好看，她的头发总是不听话，她的屁股太大等等。她决心要把身材上的不完美都掩盖起来，于是就细细翻阅时尚杂志，向美容美发专家虚心求教。她毫不灰心，反而想尽办法去努力。细数自己的优点，杰奎琳认识到：她受过良好的教育，博览群书,聪慧过人,并且,周游列国的经历让她获得了普通姑娘不曾拥有的阅历。虽然没有大把的钞票供杰奎琳去购置漂亮衣服,但幸好她从父母那里学到了不俗的品位,懂得了外表的重要性。在男人们眼中,这些都是非常重要的,于是杰奎琳自然而然地有了优势。比起那些空有一张漂亮脸蛋的女孩子来,杰奎琳显然更有魅力。

杰奎琳一心想要改进自己,她十分乐意从身边可以信任的人那里听取意见。她那虚荣浮华的父亲便是其中之一。他传授杰奎琳的那些招数对每个女人都适用。正是通过父亲的言传身教,她才懂得要在与某人交流的那一刻,将他作为自己全部注意力的焦点。她带着一副"灯塔派头",用目光锁定一个男人,将全部精力都投射到他的身上,忽略掉周围的所有人和事。父亲鼓励女儿多多展现她灿烂的笑容,将下巴微微扬起,以塑造一种矜持的风度和难以捉摸的神秘感。他还强调说话语调要柔和,永远不要泄露自己的内心。

杰奎琳善于举一反三,她不光把父亲所教的原则用于谈恋爱,更广泛地用在生活的其他方面。不管面对的是大使、法官还是侍者,她都不吝于展现自己迷人的微笑和动人的魅力。她从不会被别人眼中那些令人生畏的人吓住,反而常常靠着自己的智慧和善解人意,在较量中取得胜利。父亲最得意的一招——"灯塔派头"被杰奎琳运用得出神入化,所有的人都不知不觉地被她牢牢吸引。

杰奎琳从来不会像藤蔓一般对某个男人纠缠不休。她个性独立,兴趣广泛。男人们不单会被她吸引,而且在她身边永远不会觉得无聊。她率真自然,毫不做作,和她相处从来不会觉得累。

杰奎琳让我们明白,有时候心痛、难过甚至失恋都是不可避免的。也许她也会用头脑去分析,但更多的时候,她只听从自己内心的声音。她每一段感情的对象个性都大不相同,但在她看来,每个人都带给过她无比的快乐。最终,回顾自己一生的感情之路,杰奎琳会说,在约翰·肯尼迪身上,她品尝过美好的真爱;与"不被看好"的亚里士多德·奥纳西斯的关系中则充满了热情和刺激;晚年有忠诚而深情的马瑞斯·坦伯斯曼做伴则是她最值得庆幸的事。

从杰奎琳的经历中我们知道,这世上根本没有完美的男子和婚姻,有的只是不断地妥协。而这种妥协是不是值得,只有我们自己才最清楚。爱情与婚姻从来都不是容易的事,但杰奎琳的一生告诉我们,全情投入永远都是值得的。

# 第九章

## 做母亲——给予爱、庇护和正面教育

Jacqueline

"我的一切，都源于我那位天使般的母亲。"

——亚伯拉罕·林肯

# 复杂的家庭记忆

　　我们对母亲的记忆永远不会消失——不论是好的、坏的还是可怕的。杰奎琳·肯尼迪·奥纳西斯就是一位非常好的母亲，就连她最激烈的抨击者都不得不承认这一点。对杰奎琳而言，母亲是她最看重的人生角色，再没有什么能比孩子们的健康快乐来得重要。她尽心尽力地培养卡洛琳和小约翰，希望在别人眼中，她最出色的成就不是其他，而是这两个孩子。杰奎琳曾经说过："如果你连孩子都抚养不好，我想你也不可能做好其他事情。"

　　1957年11月27日，卡洛琳·布维尔·肯尼迪出生。眼看肯尼迪一下子就变成了一位充满温情和爱意的好父亲，这让杰奎琳备受鼓舞。"这真是一种无比美妙的家庭关系，"肯尼迪夫妇的朋友贝蒂·斯伯尔汀说，"在有卡洛琳之前，肯尼迪从未曾真正学着如何待人。看到他在这方面大有进步，真是太好了。"

　　看着自己含蓄的丈夫竟对小卡洛琳如此细心，杰奎琳觉得轻松了许多。肯尼迪从小生活在这样的家庭环境下：父亲整天和别的女人调情，母亲冷若冰霜，只顾着迷于宗教，所以，尽管肯尼迪表面上喜欢社交，但内心对发展亲密的情感关系却非常谨慎。他曾痛苦地对一位朋友说："我妈妈不是在巴黎的时装店里买衣服，就是在某个教堂里跪着祷告。当我们需要她的时候，她从不在我们身边……她从来没有真正地抱过我。没有！没有！"

杰奎琳则生长在一个破碎的家庭里，她的童年又自有一番不同的苦楚。她的父亲杰克·布维尔三世是个花花公子，母亲简妮特·李·布维尔则郁郁寡欢。他们两人在一起只会不停地吵嘴。最终，这段婚姻以失败告终。那年杰奎琳只有 11 岁，但那种孤立感却终生挥之不去。布维尔和简妮特对待杰奎琳的方式截然相反，父亲对她娇纵宠爱，而母亲却要求严苛。虽然简妮特对女儿也悉心照顾，但她太过要求完美的个性，却

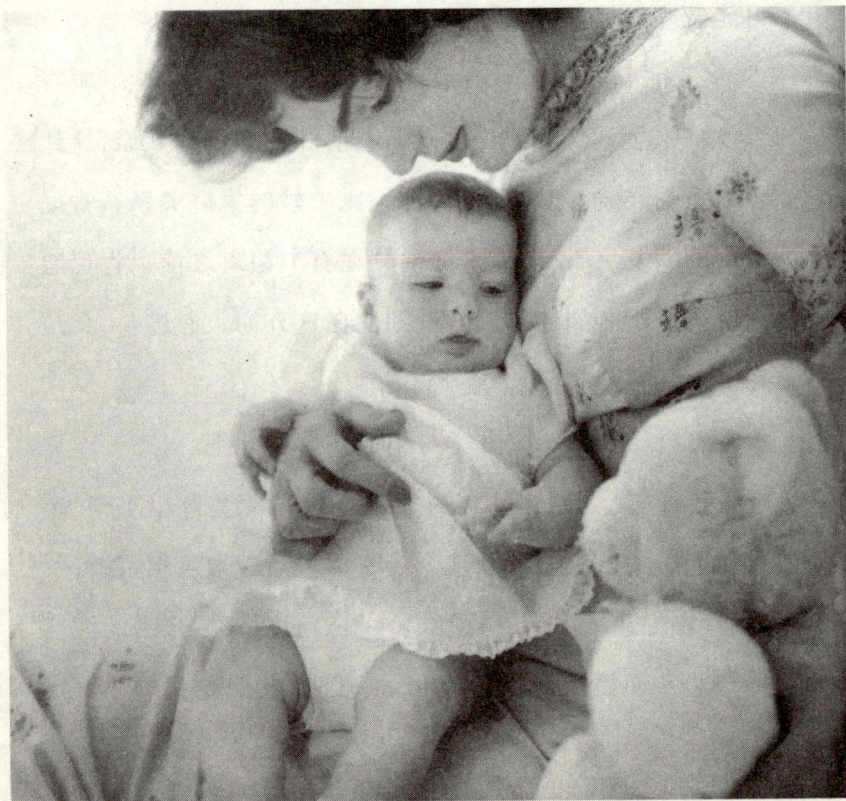

让杰奎琳感受不到丝毫温暖与亲情。还是父亲在她身上倾注的无条件的爱,才让她有了自信,意识到自我价值的存在,而这对于我们每一个人恰恰是最重要的。不过,杰奎琳后来也明白了母亲的苦心——她一直在培养自己的创造力,鼓励自己凡事都要争第一。这一切杰奎琳都从心眼里感激。她曾说过:"希望我培养自己的孩子能像当年妈妈培养我那样好。"

## 第一夫人最重要的事
### ——陪伴孩子

童年时有过的悲伤和不安全感始终萦绕在杰奎琳心里。为了不让自己的孩子们再一次经历,她决心尽已所能,要做个好妈妈。"培养孩子的理论太多了,"她说,"但我只相信爱、庇护和教育。"她读了许多儿童心理学方面的书,还时常去请教 19 世纪 60 年代最负盛名的育儿专家本杰明·斯波克医生。他是一位儿科医生,同时也是畅销书作者。他给初为父母的读者提出的建议是:"相信你的直觉……你实际知道的远远比你以为的要多。"对于 28 岁初为人母的杰奎琳来说,这句话非常鼓舞人心。

"我总是以为自己可以完全独立地抚养孩子,"杰奎琳说,"可一旦你真的有了孩子,你就会发现你需要别人的帮助。因此,我非常需要斯波克医生。不过,当我得知其他人的孩子在这个年龄也和我的孩子差不多时，我就释然了。"许多年后，著名的苏富比拍卖行举办了一次杰奎琳·肯尼迪·奥纳西斯不动产拍卖会，杰奎琳翻旧了的《斯波克医生的婴幼儿抚养》一书竟然被拍到 6900 美元的高价。

杰奎琳家里一直有雇全职保姆的习惯。作为一位公务繁忙、可能不久就会当上总统的参议员的妻子，杰奎琳也确实需要有人来帮她。杰奎琳一直都喜欢英国人教育孩子的那种严谨方式，所以，在卡洛琳出生前不久，她请来一位叫莫德·肖的英国中年女子来做孩子的保姆。她在肯尼迪家中待了 7 年半，亲眼见证了孩子们如何在杰奎琳的指引下一天天长大。

在肖夫人这位优秀保姆的眼中，杰奎琳作为母亲无可指摘——慈爱、公正，管束孩子但并不严厉。她相信每个孩子生来是不同的，应当区别对待。对于杰奎琳而言，肖夫人也是不可或缺的。杰奎琳身为第一夫人，公务繁忙程度毫不亚于全职妇女，但她从不会因为太忙而不陪孩子。她会重新安排日程，以便和孩子们在一起。

杰奎琳曾说："抚养孩子是件最难的事情，人人都知道过早地暴露在聚光灯下对他们绝非好事。他们有可能因此而变得骄傲自负，也可能因此而受伤……他们需要母亲长久地陪伴在身旁，给予关爱和指引。在这个叫人眼花缭乱的新世界里，唯有这样做才能给他们安全感。"

虽然"黄金时光"这个词在 19 世纪 60 年代还未出现,但杰奎琳非常明白每天花大段时间陪伴孩子有多么重要,这样她才能把心思完全放在孩子们身上。在第一夫人的身份之前,她首先是一位母亲。为此,杰奎琳甚至推掉了许多大家认为第一夫人应当做的事,比如会见和慰问各种代表团,或是陪同各界政要参观白宫。她会把这些差事推给副总统夫人伯德·约翰逊或是她的婆婆罗丝·肯尼迪。

蒂什·鲍德里奇回忆说:"我看到她固执地留在白宫,和孩子们一待就是好久。能做到这一点很不容易,但她确实做到了。她只是把日程表做了一点点修改而已。"

杰奎琳只用了很短的时间,就成长为一位自信的母亲。只要涉及孩子的事情,她自然知道该怎么办,有时就连她那位固执的婆婆都奈何不了她。罗丝·肯尼迪养育了 9 个孩子,她自认为是这方面的权威,常常不等杰奎琳求助就擅自给出一些建议。她甚至会走上很远的路给杰奎琳寄封简信,提醒她按时给孩子们喝牛奶,带他们去做弥撒。

有一次,罗丝来做客,恰好那一天的晚些时候卡洛琳要照相,而她已经跑出去玩耍了。罗丝认为卡洛琳不该在这个时候出去玩,就想把她找回来,但被杰奎琳毫不犹豫地阻止了。杰奎琳告诉婆婆别去打扰孩子,卡洛琳应该像普通孩子那样去户外跑跳玩耍。"我们之间最大的区别就是,你希望卡洛琳像你一样长大,而我希望卡洛琳像我一样长大。"杰奎琳这样对罗丝说。

## 隐私保卫战

1960 年 11 月 25 日小约翰·菲茨杰拉德·肯尼迪的出生轰动了当时的新闻媒体,因为这孩子的父亲就是新上任的总统先生。与此同时,杰奎琳也面临着在白宫抚养孩子的一个特殊问题——来自公众和媒体永无止境的关注会给孩子造成什么影响。在她看来,这无疑会剥夺孩子们的童年,让他们无法过上寻常人的生活。

于是,杰奎琳立刻投身到一场保护孩子隐私的战斗中。不久,她就与白宫新闻秘书皮埃尔·萨林格有了冲突。一次,趁杰奎琳不在,总统在萨林格的怂恿下给孩子们拍了照。杰奎琳知道后立刻给萨林格写了一封措辞严厉的简信:"我希望别再有下一次——我是认真的——如果你固执己见,还打算继续的话,请你最好停止。新闻秘书的职责是什么——协助媒体,没错——难道就不包括保护我们吗?"萨林格回忆说:"杰奎琳只是迫切想要保护他们的隐私。从她入主白宫的那一刻起,她就不打算把家人都暴露在闪光灯下。"

为了不让好奇的追踪者和游客在白宫外盯着她和孩子看,杰奎琳决定请白宫的园艺师们帮忙,"把杜鹃花种得天那么高",再在容易遭偷窥的地点种上树和灌木丛来遮挡视线。

起初肯尼迪还反对说："白宫是公共财产,人们有权看到它。"
对此,杰奎琳完全同意,不过她又补充了一句："他们有权看
到白宫的一部分……但我已经受不了我们的生活变成了他
们的家庭电影!"白宫接待员 J.B.韦斯特开玩笑说,如果杰奎
琳当总统,"白宫没准会被高高的砖墙包围,外面有一圈护城
河,里面有鳄鱼"。

与杰奎琳的态度截然相反的是,肯尼迪家族认为,把孩
子们放在大众关注的中心,这没有什么坏处,而且,毫无疑问
这会对他们父亲的政治生涯大有帮助。杰奎琳对此完全不同
意,甚至还就能否给孩子们拍照的事情和丈夫吵过架。

杰奎琳拒绝任何未经计划或未经允许的拍照,不管是对
孩子还是她自己。最终,她只同意《Look》和《生活》两家杂志
为卡洛琳和小约翰拍照,前提是要事先预约,并且全程都在
她的监控之下。在这些照片中有一些非常著名,比如孩子们穿
着万圣节的服装,卡洛琳骑着她的小马,小约翰和卡洛琳在
白宫的椭圆大厅里跳舞,肯尼迪在一旁为他们打着拍子等。
它们成了这个美国第一家庭最经典、最受欢迎的照片。

## 在白宫抚养孩子

杰奎琳坚决不要孩子们有这样的感觉:从小生活在富丽
堂皇的大厅里,身边包围着秘密特工和总统参谋。她相信,为

孩子们营造温暖而舒适的生活环境非常重要,这可以抵消白宫的宏伟和严肃。当年肯尼迪夫妇刚刚入住白宫,杰奎琳的首要任务便是重新装饰儿童房,将艾森豪威尔夫妇布置的"酒店风格"改为更加平易亲切的风格。卡洛琳的房间选用女孩子喜欢的粉色和白色,配以带顶帐的儿童床和木马摇椅,墙壁上挂着摩西奶奶的画作。还在襁褓中的小约翰的房间被漆成白色,配以蓝色嵌线。莫德·肖夫人的小房间在两个儿童房中间。对于杰奎琳的这番改造,蒂什·鲍德里奇评价道:"就在一夜之间,杰奎琳把这所凌乱、冰冷、古旧的房子变成了一个小家庭的温暖居所。"

由于媒体的过分关注和安全保障上的困难,卡洛琳无法进入乔治城幼儿园。于是,杰奎琳决定在白宫为她建一个幼儿园。她亲自设计了房间,还买来了兔笼、豚鼠、金鱼、各种植物、黑板、各种装扮的衣服、沙盘等,她还向一位幼儿教师要来了一份读书清单,按照清单上的内容为幼儿园添置了一批图书。

即便在这家小小的幼儿园招收了多达 10 个小朋友以后,杰奎琳仍在思考着有没有什么独特的方法来为孩子们上课。一次,她组织了一个印第安人代表团,全身盛装地来到白宫幼儿园,带着孩子们跳起印第安人传统的祈雨舞。

杰奎琳相信,再没有什么比孩子们开心玩耍更重要,她为卡洛琳和小约翰以及他们的小伙伴们留出了足够的游戏空间。在白宫西翼有一片几乎完全隐藏在浓密树荫下的超级游乐场,那是杰奎琳精心设计好图纸后,请白宫的木匠们建造的。游乐场里有一架皮质秋千,一架滑梯,还有桶形隧道、蹦床、兔箱,甚至还有一座树屋,就搭设在前总统赫伯特·胡佛当年亲手栽下的高大繁茂的白橡树上。

杰奎琳非常支持育儿专家的一个观点:允许孩子喂养小动物不仅是给他找一个玩伴,更会发展孩子的自信心、同情心和责任感。杰奎琳还记得那些陪自己从小一起长大的小动物们——小白兔、德国猎犬、达尔马西亚狗,还有她自己的第一只狗——一条名叫"胡吉"的苏格兰猎犬。杰奎琳认为,卡洛琳和小约翰也应当拥有这样美好的童年经历。她极力劝说丈夫,他们的孩子不能因为住在白宫,父亲又不喜欢小动物而无法享受到这种多数孩子都能享受到的简单的快乐。

随着孩子们一天天长大,他们的小宠物们也长大了不少。杰奎琳就让木匠为查理和普辛卡修建了新的狗舍,为玛卡罗尼和泰克斯修建了新马厩,为小羊羔和小鸭子修建了羊圈和鸭圈,也为豚鼠搭了新窝。卡洛琳的小仓鼠们——玛丽贝尔、布鲁贝尔和罗宾,还有她的金丝雀则继续留在她的卧室里。

许多年后,小约翰·菲茨杰拉德·肯尼迪仍记得他们养过的一条狗:"我们养过一条叫普辛卡的狗,那是苏联总理赠给我父亲的……它的妈妈就是历史上第一条被送上太空

第九章　做母亲

187

的狗。我们训练它从白宫后面的滑梯上滑下来。让小狗滑滑梯，那大概是我最初的童年记忆。"

## 在多听多看中学习礼仪

杰奎琳认为，孩子们一定要学会用得体的礼仪来表达对他人的尊重。她要卡洛琳和小约翰不仅遵守饭桌礼仪，更要学会体谅他人，尊重白宫的来访者和工作人员。杰奎琳教会孩子们用得体的方式说"您好"，不仅对父母的朋友要如此，对仆役、女佣、警官、接待员、特工、厨房和备膳室的工作人员、园丁以及所有他们遇到的人都要这样说。对所有的成年人，从白宫女仆到内阁成员，都要以"先生"、"夫人"或"小姐"的头衔称呼。"孩子们举止非常得体，这都是他们的母亲教育的结果。"蒂什·鲍德里奇说。

白宫有一项传统，国家元首来访时必先参加总统和夫人举办的鸡尾酒会，再参加随后的国宴。蒂什·鲍德里奇回忆说："在鸡尾酒会上，穿着睡衣、睡袍的卡洛琳和小约翰通常会被带到贵宾面前。作为待客礼仪的一部分，孩子们如何与贵宾握手都由杰奎琳细细指导过。有时候，小约翰还会对宾客鞠躬，卡洛琳则会行屈膝礼。"

杰奎琳对历史无比热爱，在这一点上她希望孩子们和她一样。每次卡洛琳和小约翰要见如伊朗国王这样的重要外宾之前，杰奎琳都会抽时间为孩子们讲解当地的风俗和文化。"今晚你们要见到的是伊朗国王，他居住在很远很远的中东。"杰奎琳柔声对孩子们说道，"他有两个和你们一样大的孩子，全家人一起住在伊朗皇宫里。他的妻子叫王后，就像故事书里说的那样，王后非常漂亮。他们非常想见见你们，这样回家以后，他们就可以对他们的小孩说起你们。"

白宫还有一个传统，那就是在鸡尾酒会上，双方国家首脑之间会互换礼物。这时杰奎琳也会叫孩子们来参加，给他们讲解赠送礼物和接受礼物的重要性。如果来宾有小孩，卡洛琳和小约翰就会把包装漂亮的礼物，连同写有来宾小孩名字的卡片一起赠给来宾。

杰奎琳知道，让孩子们多听多看是学习的重要方式，所以，她常常带卡洛琳和小约翰去南草坪参观外国首脑的阅兵仪式。展现在孩子们眼前的是一幅五彩缤纷的欢迎画面——游行乐队、挥舞的旗帜、整齐的受阅部队，还有轰鸣的礼炮。

## 激发孩子的创造力

杰奎琳自己对艺术有着非凡的热情，她很希望培养两个孩子的创造力，就像小时候母亲培养自己一样。"母亲下了很大工夫发掘我和妹妹的创造潜能，"杰奎琳说，"当我们还很小的时候，她就让我们对语言、诗歌和艺术产生了兴趣。她鼓励我们自己动手做生日礼物，而不是花钱去买，所以，我们都喜欢用画画或写诗的方式来纪念一件事。"杰奎琳也用同样的方式教育女儿，鼓励她自己写诗。有时，布维尔外公也会给她鼓励。卡洛琳14岁时，曾为祖母罗丝·肯尼迪写过一首诗，内容是关于弟弟小约翰的：

他在我的房间吐口水，左摔右敲，
喊着："来呀，卡洛琳，快出招！"
他要用化学座椅把我们炸上天，
他要把花草连根拔掉，可惜我们都已逃跑。
他喜欢妈妈的亚麻床单，讨厌自己棉质的那条，
他还会模仿座头鲸的鸣叫。
我爱他不是因为必须如此，
血浓于水的亲情才最重要。

绘画是杰奎琳一生的爱好。准备画画之前，她也会把儿童画箱拿给身边年仅5岁的卡洛琳。杰奎琳将绘画练习作为发掘卡洛琳创造力的第一步。"她真的很喜欢把画笔浸在水里，在画纸上乱涂乱抹，弄得一团糟。"杰奎琳说，"不过在她看来，她在和妈妈一起画画。这样做也许能激发她潜藏的天赋，也许什么效果也没有，就像我小时候练习画画一样，只是画一些自己家人才会欣赏的作品，权当消遣娱乐而已。"

杰奎琳还请肖夫人帮她一起培养孩子们集中注意力的习惯。肖夫人给卡洛琳一本绘画书和一些粉笔,鼓励她坐下来画画,帮她想一些她可能会感兴趣的题材。小约翰有许多彩色的积木,肖夫人就和他一起搭积木,想办法保持积木平衡。肖夫人说:"你一定要教会孩子们集中注意力,这不是他们生来就会的。慢慢地他们就会喜欢这么做事,不知不觉地就学会了集中注意力。"

## ❦❦ 给孩子美好、纯真的快乐 ❦❦

　　杰奎琳相信,孩子们最大的特点,就是拥有简单的快乐,所以她尽可能地为孩子们保留童年应有的乐趣和经历,不让他们因为受关注度高而失去这一切。杰奎琳

经常戴上假发,乔装打扮一番,好让别人认不出自己,然后就悄悄地带着孩子们去游乐场、看电影或是去野餐。

小阿瑟·施莱辛格是华盛顿的一位政治专栏记者。他还记得1962年的万圣节之夜,他14岁的女儿克里斯蒂娜打开房门,看见一群讨糖吃的小捣蛋鬼们站在门口。其中一个小姑娘尤其特别,她迫不及待地要把糖袋子装满。克里斯蒂娜原本没有认出这位小姑娘,直到她听到小姑娘的妈妈戴着面具,站在不远处对女儿说我们该走了。那毫无疑问是杰奎琳的声音!她正带着卡洛琳和她的小表兄弟们挨家挨户地玩"不给糖就捣蛋"的游戏。杰奎琳还说服肯尼迪,租下了位于弗吉尼亚州米德尔堡的一座农庄格兰·奥拉。此后,每逢周末或节假日,他们便经常来这里小住。杰奎琳非常希望卡洛琳和小约翰能像普通孩子那样随意奔跑玩耍。格兰·奥拉是一座占地400英亩的大庄园,有法式风格的主房和客房,还有游泳池和马厩。它位于偏远的乡村,周围被大片的青青牧场包围,溪流纵横,山泉环绕,间或还有一些野生火鸡和马群出现。对于这个始终受到高度关注的家庭来说,这里无疑就是宁静的天堂。杰奎琳和孩子们常常一周有4天都待在这里,到了周末,肯尼迪也会来陪伴他们。后来,他们又在弗吉尼亚建了自己的庄园韦克斯福德。

在格兰·奥拉度过的那些悠长周末里,杰奎琳和孩子们平静而自在。两年当中,他们只有4次外出吃饭——两次在饭店，两次在朋友家里。杰奎琳把格兰·奥拉看做自己的"家"，在这里，无论是换换桌布、给卡洛琳和小约翰洗洗澡还是给他们讲讲睡前故事，都让杰奎琳感到一种宁静而简单的快乐。就是在这里，一向把骑马视为最大爱好的杰奎琳，开始教4岁的卡洛琳如何骑马和喂养马。

当肯尼迪的任期已过两年之时，有人曾问过杰奎琳这样的问题：接下来的两年，她准备做些什么？她答道："花更多时间和我的孩子们在一起。像他们这样的年纪，最需要父母尽可能多花时间陪在他们身边。"杰奎琳真是这么做的。接下来的时间里，她果然推掉了更多白宫的活动。

## 带孩子走出痛苦的阴影

如果说1963年11月约翰·肯尼迪总统遇刺事件对全国人民是一个可怕的打击的话，那么对于他的妻儿，这便是一个毁灭性的灾难。杰奎琳并没有让卡洛琳和小约翰避开悲痛的葬礼和公众的视线，相反，她认为这些对孩子们很重要，这正是他们一起经受考验的时候。她甚至在丈夫下葬的当天晚上为小约翰办了生日派对，庆祝他的3岁生日。两天后她同样又为卡洛琳举办了生日派对。

杰奎琳现在是带着两个孩子的寡妇了。她所面临的是所有单亲妈妈都会面临的挑战，此外，她还得承受额外的重负——全世界都在等着看她一个人如何抚养两个年幼的孩子。在葬礼之后的那个周末,杰奎琳曾去新闻秘书皮埃尔·萨林格的办公室拜访。她说:"皮埃尔,现在我的生活只剩下一件事,那就是把孩子们抚养好,让他们经受住这次可怕的打击——否则,他们对父亲的死将永远无法释怀。我必须带他们坚强地走出来。"几个月之后,她便带着孩子们离开华盛顿,搬到纽约城,开始了新的生活。

## 给孩子发展个性的空间

大部分母亲会做的事情杰奎琳全都做了——送孩子上学、带他们去中央公园玩旋转木马、去学校观看孩子的戏剧和朗诵表演、带他们去海边、冬天一起去滑雪,但是,孩子们仍旧非常想念父亲。小约翰急需要一个父亲的形象,他在为父亲工作过的各式各样的人当中寻找。有一次,那时小约翰还非常小,他问一位特工人员是不是小孩的爸爸。听到对方说是以后,小约翰提了一个让人心酸的请求:"那么您能把我举起来扔到空中吗?"

斯波克医生曾说:"人人都知道,每个孩子生来性格就不同。"杰奎琳很明白自己要抚养的是两个完全不同的孩子:卡洛琳长得像父亲,但性格更像杰奎琳,有一点儿害羞和含蓄。她勤奋好学,也十分尊重长辈的意见;小约翰则刚好相反,他发色深黑、相貌英俊,像布维尔家族的孩子,而行为举止却更像肯尼迪。他性格外向,热衷冒险,和大学同学打架斗殴,还时不时地想要摆脱学业束缚,这让杰奎琳非常头痛。不过,小约翰到底是个讨人喜欢的孩子,他懂得尽力讨母亲欢心。杰奎琳真正忧虑的是, 年轻的小约翰总是不肯按照常规生活,他甚至说过想成为一名演员。他报考的飞行课程尤其让杰奎琳揪心,要知道,肯尼迪的姐姐凯瑟琳和弟弟乔就是死于飞机失事,而肯尼迪的另一位弟弟泰德则是在另一场空难中侥幸逃脱,才捡回一条命。

杰奎琳接受女儿和儿子的不同个性,也懂得用不同的方式照顾他们,所以两个孩子谁也不会嫉妒谁,谁也不会觉得自己不如对方,他们深深地爱着对方,始终如一。小约翰曾说:"妈妈从来不给我和姐姐制定什么规划, 也许就因为这样,我们才能亲密无间,我们的童年生活才能像别的孩子一样正常。"

作为一对赫赫有名的父母的孩子,卡洛琳和小约翰经常被小朋友的父母们区别对待。有一次,一位女同学的生日派对没有邀请卡洛琳参加,杰奎琳给女孩的母亲打电话询问原因,对方结结巴巴地说:"我们当然希望邀请卡洛琳,但我们都觉得这样做太冒昧了。"杰奎琳答道:"不论做什么事,请一定邀请卡洛琳。她乐意得很。"很快卡洛琳就成为全校最受欢迎的孩子。

杰奎琳的小叔子罗伯特·肯尼迪做卡洛琳和小约翰的代理父亲真可谓尽心尽力。丈夫遇刺之后，杰奎琳自然而然地转向丈夫的弟弟罗伯特，寻求支持。罗伯特给了她极大的安慰和力量，当她需要意见和帮助时，他总是第一个出现。当然，并不是每一个肯尼迪家族的成员都能和杰奎琳看对眼，分歧的关键大多是为了钱。为了政治，他们可以毫不心疼地一掷千金，而到了日常生活的必需开销，他们又会变得无比吝啬。关于肯尼迪的父母乔和罗丝匪夷所思的省钱方法有许多逸事流传，其中一则是：他们在棕榈滩的房子只有正面粉刷过，因为背面不会有人看到。

　　杰奎琳十分需要肯尼迪家族的经济支持，因为肯尼迪的钱都做了两个孩子的信托基金，而她自己只靠着一点点遗孀抚恤金生活。杰奎琳就连买辆新车都要和肯尼迪家族交代得一清二楚，还要解释为什么她不能继续开那辆旧车。

## 融入孩子的世界

　　1968 年，当杰奎琳嫁给希腊亿万富豪亚里士多德·奥纳西斯时，她梦寐以求的自己和孩子们的经济独立才真正实现。虽然结婚后，杰奎琳迁到了奥纳西斯在希腊的住处，但她也希望尽可能地多陪卡洛琳和小约翰。早在结婚以前，杰奎琳就与奥纳西斯约定好，每年孩子们上学的这几个月，她会陪他们一起住在纽约。杰奎琳很喜欢有奥纳西斯做伴,但他们的作息习惯完全不同:奥纳西斯是个夜猫子,而杰奎琳则喜欢早睡早起。当奥纳西斯来纽约看她时,她坚决不陪他去泡夜店,而是早早吃了晚饭,然后上床睡觉。第二天再早早起床,送卡洛琳和小约翰去上学。

杰奎琳是个保护欲很强的母亲,时刻把孩子们的健康幸福记挂在心里。弗里兹·塞尔比回忆说:"有一次,我在曼哈顿的一个晚宴上遇到了杰奎琳,聊天时我无意中提到第二天要带儿子克里斯托弗去看电影的事。克里斯托弗与杰奎琳的儿子小约翰同是圣大卫学校的学生,于是杰奎琳问我小约翰能否和我们同去。当然可以,我说好的。第二天,我们去杰奎琳在第五大道1042号的家接小约翰。杰奎琳看着我的眼睛,叮嘱说:"请您

紧紧地抓着他,不要让他自己过马路。"

杰奎琳一直想要融入孩子们的世界。她鼓励孩子们把读过的书和杂志与她分享,在房间里放他们喜欢的流行音乐。如果她担心孩子们看电影看得太多,就设计一些关于地理、历史和文学的游戏,和他们一起玩。当年,杰奎琳的母亲和祖父也是这样教育她的。

奥纳西斯逝世以后,杰奎琳进入出版界,成了一名职业女性。不过,她与出版社事先定好了协议:每周只在办公室工作3天。她的主要时间还是用在孩子们身上的。

每个学期结束时,杰奎琳都会把卡洛琳和小约翰的假期安排得丰富多彩——这可是他们的特别时光。孩子们年纪尚小,他们喜欢去海恩尼斯港找表兄弟们一起玩,去科罗拉多、佛蒙特或是瑞士滑雪,或者去新港看望他们的祖母。

## 充满挑战的假期

随着孩子们逐渐长大,杰奎琳开始考虑一个问题:出身豪门的孩子不能太过宠溺,应当把他们手中大把的时间利用起来。于是,趁着暑假,卡洛琳和小约翰都积极地尝试自我挑战,好丰富他们的阅历。他们或做义工,或报名艺术方面的课程,小约翰则更喜欢进行一些户外活动。

卡洛琳曾到叔叔泰德·肯尼迪在华盛顿的办公室里实

习,后来,她还参与制作了一部反映阿帕拉契山煤矿家庭的纪录片。她也曾在《纽约日报》实习。从康科德中学毕业以后,已被哈佛大学雷德克利夫学院录取的卡洛琳申请将学业延期,然后去伦敦参加了为期 10 个月的索斯比"艺术精品"培训课。杰奎琳发自内心地支持她这一决定,还对一位朋友说:"有朝一日卡洛琳有了自己的财产后,良好的品位会让她妥善利用金钱,生活得更好,而不是白白糟蹋了这些钱。"

小约翰的暑假则充满了冒险活动。杰奎琳想培养儿子成熟坚强的品质,这些品质会在他长大成人以后派上大用场。在她的提议下,小约翰曾去缅因州的一个孤岛上参加户外生存活动,也曾潜入水底探险,寻找海盗在科德角埋下的神秘宝藏,还在牧场做过薪资极低的牧马者,甚至还去肯尼亚参加了足足 10 周的野外生存训练。为了让小约翰学会关怀弱者,杰奎琳为他找了几份义工,教那些来自非英语国家的移民说英语,去民主政策中心做义工,甚至参加和平队赴危地马拉从事地震救灾工作。

卡洛琳和小约翰终于成年了,但杰奎琳的忧虑并没有停止。自从罗伯特·肯尼迪去世以后,他的几个孩子就渐渐地不听从母亲埃瑟尔的管教了。杰奎琳担心自己的两个孩子过多地和他们混在一起,沾染上不良习惯。在海恩尼斯港肯尼迪家的庄园里,罗伯特的孩子们当中有人往屋里扔点燃的爆竹,把小船弄得稀巴烂,玩 BB 型气枪,简直无恶不作。后来还

第九章　做母亲

199

有人因为藏有大麻而被逮捕，后来还传出他吸食海洛因的消息。为了不让孩子们受到不良影响，杰奎琳在玛莎葡萄岛买下一座庄园。这是属于他们自己的庄园，卡洛琳和小约翰可以尽情享受他们的夏日。当然，为了不切断与肯尼迪家族的联系，每年杰奎琳会在这里召开盛大的派对，专门邀请肯尼迪家族的成员们参加。

## 孩子——杰奎琳创造的两个奇迹

虽然杰奎琳活在当代，高瞻远瞩，但她同时也保留着许多传统的、旧式的价值观，这些都是她从儿时起便一直信奉的。丈夫去世后，杰奎琳坚强地把孩子培养成人。她既严格又慈爱，对儿女的一举一动都无比关心。很显然孩子们也非常清楚这一点。她始终以身作则，用自己的故事让卡洛琳和小约翰明白如何独立、有责任心和体贴他人。在她的葬礼上，参议员爱德华·肯尼迪满怀深情地说："她的两个孩子出色、忠诚，拥有像她一样优秀的品质，丝毫没有被宠坏。处在她的境况下，做到这些谈何容易，但她的确做到了。这两个孩子是她创造的两个奇迹。"

# 尾 声

## 杰奎琳告诉我们什么

当我开始写这本书的时候,我认为我与杰奎琳·肯尼迪·奥纳西斯唯一的关系就是我和丈夫在纽约刚好与她同住在一幢大楼里。没错,我一直是她的崇拜者,但她的人生经历与我的相去甚远,我实在想不出她的故事能对我产生何种影响。然而,随着我越来越深入地了解她,奇迹发生了。我不仅看到她是如何影响了她身边的人,以及那些热爱她甚至诽谤她的人,更加明白了她的故事所蕴藏着的普遍真理是如何影响我们每一个人的。随着写作的进行,我意识到她的经历已经让我的生活发生了改变。

杰奎琳只做那些对于她而言真正重要的事。为此,她可以拒绝其他人安排给她的事,丝毫不会心存愧疚,而我总想成为一个取悦别人的人。即便我没时间,或者根本不想答应别人的请求,但是"不行"二字也很难说出口。杰奎琳教我要像关照别人那样去关心自己。她还帮我接受这样一个事实:我所爱的人,他们想要的和我想要的往往大相径庭,这没什么大不了的——无论对我还是对他们而言。

杰奎琳在"男人"——无论在私下里还是职场上结识的——这门功课上的成功,激励着我也去尝试她的那些小技巧，比如"灯塔派头"。将目光锁定在某人身上对我来说并不新鲜，但也许我该像杰奎琳那样，将这一招用在其他场合，而不仅仅是吸引某个男人的时候。

杰奎琳有着强烈的自我意识，她时刻注意着内心的感觉，聆听自己的心声，而我却总是忽略自己——即便我意识到不该如此。为此，我已付出不少代价。杰奎琳的人生让我顿悟，我应当关注自己的直觉，并按照它的指示行事。

许多时候，杰奎琳喜欢待在家里，读上一本好书，与她的孩子们做伴，或者做一些让自己快乐的事，这比外出应酬更合她的心意。看过杰奎琳是怎么生活的，我就会尽量从"繁忙"的工作和毫无意义的事情上抽身。更重要的是，我开始思考什么是生活中真正重要的东西。

杰奎琳的生活飞越过高峰，也穿越过低谷，她只是比别人更高或更低一些罢了，但她在那非凡的一生中所表现出的勇气和决心却深深地影响了我。

蒂娜·珊蒂·弗莱荷蒂

（京）新登字083号

**图书在版编目（CIP）数据**

创造自己的风格：像杰奎琳一样做女人/〔美〕弗莱贺迪著；贾
毓婷译. —北京：中国青年出版社，2010.9
ISBN 978-7-5006-9225-6

Ⅰ.①创... Ⅱ.①弗... ②贾... Ⅲ.①女性-修养-通俗读物
Ⅳ.①B825-49

中国版本图书馆CIP数据核字（2010）第032822号
北京市版权局著作权合同登记
章图字 01-2010-2248 号

\*

中国青年出版社出版 发行

社址：北京东四12条21号 邮政编码：100708

网址：www.cyp.com.cn

编辑部电话：（010）57350520

门市部电话：（010）57350370

三河市君旺印装厂印刷 新华书店经销

\*

660×970 1/16 13.25印张 120千字

2010年10月北京第1版 2010年10月河北第1次印刷

印数：1-10000册 定价：23.00元

本图书如有印装质量问题,请凭购书发票与质检部联系调换

联系电话：（010）57350337